westermann

Praxis Sprache 5

Baden-Württemberg
Differenzierende Ausgabe

Erarbeitet von   Sibylle Aldinger
Linda Junker
Ann-Kristin Kuch
Carola Schmidt
Kirsten Waibel-Gassert
Michaela Weinmann

Ergänzende Materialien für Lehrkräfte

Vorbereiten. Organisieren. Durchführen.
BiBox ist das umfassende Digitalpaket zu diesem Lehrwerk
mit zahlreichen Materialien und dem digitalen Schulbuch.
Für Lehrkräfte und für Schülerinnen und Schüler sind verschiedene
Lizenzen verfügbar. Nähere Informationen unter
www.bibox.schule

Diagnostizieren. Fördern. Evaluieren.
Die OnlineDiagnose zu diesem Lehrwerk testet die wichtigsten
Kompetenzen und erstellt individuelle Fördermaterialien
und Arbeitshefte zum Downloaden oder Bestellen.
Nähere Informationen unter **www.onlinediagnose.de**

Liebe Schülerinnen und Schüler,

ihr findet in diesem Arbeitsheft vor den Aufgaben die Kennzeichnung von drei
Aufgabenbereichen: ▌▌▌, ▌▌▌, ▌▌▌.
So könnt ihr den Schwierigkeitsgrad einer Aufgabe einschätzen und euch daran orientieren.
Natürlich solltet ihr auch versuchen, die schwierigeren Aufgaben zu lösen.

Differenzierung
▌▌▌ = Grundlegender Aufgabenbereich
▌▌▌ = Mittlerer Aufgabenbereich
▌▌▌ = Erweiterter Aufgabenbereich

westermann GRUPPE

© 2022 Westermann Bildungsmedien Verlag GmbH, Braunschweig, www.westermann.de

Druck A1 / Jahr 2022
Alle Drucke der Serie A sind im Unterricht parallel verwendbar.

Redaktion: Rebecca Mertens, Dr. Kristina Poncin
Illustrationen: Hans-Jürgen Feldhaus, Andrea Naumann, Anke Schäfer, Tobias Thies
Umschlaggestaltung: Janssen Kahlert Design&Kommunikation GmbH
Layout: Janssen Kahlert Design&Kommunikation GmbH
Druck und Bindung: Westermann Druck GmbH, Georg-Westermann-Allee 66, 38104, Braunschweig

ISBN 978-3-14-**126531**-6

Inhalt

Miteinander sprechen

Die Klasse 5e plant im Klassenrat den nächsten Klassenausflug. Die Schülerinnen und Schüler haben jede Menge Ideen, wo es hingehen soll. Und wohin nicht.

Wohin fahren wir?

Levin:　Ich würde gern in ein Naturschutzzentrum fahren. Die Ausstellungen sind da immer spannend und es gibt auch mehrere Zentren in unserer Nähe.

_____

Selina: Das ist eine gute Idee. Vielleicht könnten wir auch eine Rallye vorbereiten. Damit können wir die Ausstellung in Gruppen erkunden.

_____

Marco: Naturschutz finde ich doof.

_____

Pia: Wir müssen doch für Bio Steckbriefe zu Pflanzen und Tieren im Moor machen. Dazu gibt es da sicher Informationen.

_____

Timo: Du Streberin, ich will aber Spaß haben, nicht arbeiten.

_____

Robin: Wie wäre es mit einem Besuch im Spaßbad?

_____

Finn: Ich kann nicht so gut schwimmen.

_____

Robin: Es gibt ganz große Nichtschwimmerbereiche und Bademeister. Außerdem …

_____

Finn: _(unterbricht Robin)_ Du glaubst doch nicht, dass ich allein im Babybecken plansche, während ihr euern Spaß habt.

_____

Robin: Außerdem können wir …

_____

Finn: _(unterbricht Robin)_ Nein. Da mache ich nicht mit. Dann bleib ich zu Hause.

_____

Jana: Wir könnten doch im Schulgarten Winternester für Igel bauen, vielleicht sogar ein Igelhaus.

_____

Liam: Stimmt, bald kommt ja der Frost. Deshalb ernten wir diesen Samstag auch unsere Kürbisse.

_____

Selina: Winternestbauen ist aber kein Ausflug.

_____

Zoe: _(kichert)_ Und Finn hat bestimmt auch Angst vor dem Dreck.

_____

Pia: Spaßbad ist für einige zwar lustig, aber nicht für die, die nicht gut schwimmen können.

_____

Timo: Pia hat recht. Außerdem stinkt das Chlor und brennt in den Augen.

_____

Hülya: Lasst uns doch einfach abstimmen.

1　Lies das Gespräch. Wie verhalten sich die einzelnden Kinder im Gespräch?
Notiere Stichworte unter den Gesprächsbeiträgen. Das Wortmaterial kann dir helfen.

_aufeinander eingehen – beleidigen – Einwand machen/berücksichtigen – entkräften – Meinung (nicht)
begründen – nicht ausreden lassen – sich lustig machen – sich weigern – sinnvolles Ende suchen –
unterbrechen – vom Thema abschweifen – Vorschlag machen – widersprechen – zustimmen_

2　Notiere ein **+** oder ein **–** neben den Stichworten:
  – wenn das Verhalten das Gespräch im Klassenrat fördert, ein **+**
  – wenn das Verhalten das Gespräch eher behindert und stört, ein **–**

Einen Text gestaltend vorlesen

Wie Helsin und Louis sich auf ziemlich ungewöhnliche Weise kennenlernen

Stefanie Höfler

Angefangen hat alles mit einem einzigen superblöden Wort: *Apelsin*. Apelsin, Apfelsine, Orange.
Niemand aus der Klasse sagte *Apfelsine* zur *Orange*.
Aber dann kam Louis. Louis war eher klein, dünn wie
5 ein Gartenschlauch und seine halblangen Haare
hatten ungefähr dieselbe Farbe wie Zitronenkuchen.
»Das ist Louis«, sagte Frau Coroni feierlich, als sie an
diesem Montag im April mit dem Neuen ankam.
»Und das sind meine Zwerge.«
10 So nannte sie ihre Klasse, die kleinste zweite Klasse
aller Zeiten, nämlich am liebsten. Und dann präsentierte sie Louis ihre dreizehn Zwerge so stolz, als
hätte sie jeden einzelnen höchstpersönlich gebastelt:
Als Erstes stellte sie ihm Elsa mit den rotgoldenen
15 Feenhaaren vor und Alper, der absolut immer grinste
und außerdem der schnellste Junge der Klasse war.
Hier saßen Katja mit dem runden Gesicht und Zafira
mit der Märchenvorlesestimme und daneben Finn,
der zeichnete am allerschönsten. Und da saß Tom, der
20 einzige Junge mit langen Haaren. Die fielen ihm
immer wie ein Vorhang ins Gesicht, weil er auch der
schüchternste Junge in der Klasse war. Ja, und genau
neben Tom, da saß Helsin. Klein und biegsam wie ein
Grashüpfer, wild abstehende dunkelbraune Locken,
25 Spitznase. Die Ohren waren so winzig wie Fledermausohren, und die Augen, schwarz wie Bitterscho

kolade, blitzten immer automatisch dahin, wo es
gerade
etwas zu entdecken gab.
30 »Und das ist Helsin«, sagte Frau Coroni und lächelte
Helsin über ihren goldenen Brillenrand an.
Und da pustete dieser Louis sich zuerst seinen
zitronenkuchengelben Pony aus dem Gesicht. Dann
guckte er Helsin mit seinen sehr blauen Augen halb
35 neugierig und halb spöttisch an. Und dann sagte er:
»Helsin? Apelsin?« Gleich danach grinste er, nur so
ein winzigwinziges bisschen, und sagte noch mal:
»Helsin, Apelsin, Apfelsine!«
Eigentlich war das mehr gemurmelt als gesagt, aber
40 Helsin hörte es natürlich trotzdem. Und sie hörte
auch das Wispern, das jetzt von überall her zu ihr
rüberwitschte*: »Apfelsine? Helsine?«

* *rüberwitschen: herüberwispern/lüstern/zischen*

---

1 Bereite den Text von Stefanie Höflers „Helsin Apelsin und der Spinner" für einen Vortrag vor.
Lies dir den Textauszug mehrmals selbst vor.

a) Setze die Vorlesezeichen für das gestaltende Vorlesen ein:
• Unterstreiche Wörter, die du besonders betonen möchtest, und setze Pausenzeichen.
• Markiere die wörtliche Rede. Mache dir klar, wer spricht.

b) Notiere am Textrand, in welchem Tonfall gesprochen wird, z. B. *fröhlich* oder *spöttisch*.

2 Übe, den Textauszug wirkungsvoll vorzutragen.

3 Beschreibe in Stichworten, wie du sprechen kannst, damit es so wirkt:

feierlich: _____

spöttisch: _____

Gegenstände genau beschreiben

Beachte beim Beschreiben von Gegenständen Folgendes:
- Nenne die genaue Bezeichnung des Gegenstandes.
- Beschreibe Form, Größe, Farbe, Material und besondere Merkmale.
- Verwende Fachwörter.
- Wähle treffende Verben und Adjektive.
- Schreibe im Präsens.

In der Woche vor den Sommerferien räumt der Hausmeister, Herr Özdemir, in seinem Büro auf.
Alle Fundsachen des Schuljahres, die nicht abgeholt wurden, sollen für die städtische Kleiderkammer
gespendet werden. Da sieht er zwei Paar fast neue Sneakers. Er bittet Berat und Sophia, für diese Schuhe
Suchanzeigen zu schreiben. Kann es sein, dass niemand diese schönen Schuhe vermisst?

1 Betrachte die beiden Abbildungen genau und ergänze die Tabelle.

	Schuhpaar 1	Schuhpaar 2
Obermaterial		
Farbe		
Sohle		
Sohlenrand		
Schafthöhe		
Zehenkappe		
Schnürsenkel		

2 Wähle eines der beiden Paar Schuhe und beschreibe es in einem zusammenhängenden Text.
Folgende Formulierungen kannst du verwenden:
Es handelt sich um ein Paar … in den Farben … Das Obermaterial besteht aus …
Die Sohle und der Sohlenrand bestehen aus … Die Schuhe haben … hohen Schaft.

Eine Verlustanzeige ausfüllen

Stell dir vor, bei einem Stadtbummel hast du etwas verloren, was dir lieb und wichtig ist:
Smartphone, Armband, Käppi, Lieblings-T-Shirt, Portemonnaie, Tablet, Sonnenbrille, Rucksack …
Im Internet gibst du deshalb beim städtischen Fundbüro eine Verlustanzeige auf.

1 Fülle das Formular aus.

Verlustanzeige

Daten zur Person:

Anrede *(z. B. Frau)* _____

Vorname *(z. B. Merle)* _____

Nachname *(z. B. Mustermann)* _____

Straße und Hausnummer *(z. B. Musterallee 7a)* _____ _____

Postleitzahl und Ort *(z. B. 12345 Musterstadt)* _____ _____

Telefon, Vorwahl und Rufnummer *(z. B. 01234 50001)* _____ – _____

E-Mail *(z. B. merle@mustermann.de)* _____

Wann und wo wurde der Gegenstand verloren?

Ich habe **am** *(z. B. 10.08.2022)*   ☐☐ . ☐☐ . ☐☐☐☐

um *(z. B. 12:30 Uhr)*   ☐☐ : ☐☐ Uhr

in *(z. B. Musterstadt, Stadtpark)* _____

den nachfolgend **beschriebenen Gegenstand** verloren.

Wert des Gegenstandes *(z. B. 25 €)* _____ €

Kurzbezeichnung *(z. B. Portemonnaie)* _____

Genaue Beschreibung, besondere Merkmale:

(z. B. rotes Portemonnaie aus Leder mit Reißverschluss; Inhalt: etwa 10 €, Hundefotos, Schülerausweis)

_____

_____

Wahrscheinlich habe ich den Gegenstand **auf folgende Weise verloren:** *(z. B. beim Spaziergang))*

_____

Orte beschreiben

Das Kloster Maulbronn

Das alte Kloster Maulbronn liegt in der

Nähe von Karlsruhe. Vermutlich ist es die

am besten erhaltene _____

(mittelalterlich/modern) Klosteranlage, die

es _____ *(nördlich/südlich)*

der Alpen gibt. Es gehört deshalb zum

_____ *(berühmten/unbekannten)* UNESCO-Weltkulturerbe. Der Bau des _____ *(alt/*

neu) Zisterzienserklosters begann im 12. Jahrhundert und dauerte bis ins 15. Jahrhundert an.

Die _____ *(lange/kurze)* Bauzeit sieht man der Anlage an.

Die Gebäude sind in unterschiedlichen Baustilen gebaut.

1 Setze in die Lücken Adjektive ein, die den Text anschaulicher machen.

2 Füge im zweiten Teil des Textes folgende Verben in der vorgegebenen Reihenfolge in die Lücken ein.
Achte darauf, ob du Präsens oder Präteritum verwenden musst.

vorstellen   aussehen   beten   gehen   holen
umwandeln   geben   erreichen   nutzen

Weil es so gut erhalten ist, kann man sich gut _____, wie der Alltag der Mönche

wohl _____: wie sie in der Kirche _____ und sangen, durch den

kühlen Kreuzgang _____ oder im Brunnenhaus Wasser _____.

Im 16. Jahrhundert wurde das Kloster im Zuge der Reformation in eine Schule mit einem Internat

_____, die es bis heute _____. Man _____

das Kloster Maulbronn mit dem Auto über die B35, mit dem Bus ab Bretten-Mühlacker oder ab Pforzheim.

Von Mai bis Oktober kann man sonn- und feiertags auch den Klosterstadt-Express

_____.

Eine Ortsbeschreibung überarbeiten

Die Pfahlbauen Unteruhldingen

Die Pfahlbauten Unteruhldingen sind (1) das älteste Freilichtmuseum
von Deutschland. Sie sind (2) am Bodensee und sind (3) UNESCO-
Weltkulturerbe. Auf dem Rundgang sieht (1) man, wie der Uferwald
früher aussah. Man sieht (2), welche Pflanzen und Bäume dort
wuchsen. In Strandnähe sind (4) Siedlungen, die aus der Bronzezeit
stammen. Ihre Häuser sind (5) auf großen Holzpfählen im Wasser.
Auf vielen Schautafeln sieht (3) man Informationen zum Leben und
Alltag in den Pfahlbauten.

Dort sind aber safe keine echten Gebäude aus der Stein- oder
Bronzezeit. Es sind alles nur irgendwelche Nachbauten. Die meisten
der alten Hütten sind nämlich vergammelt. Nur die Teile, die vom
Bodenseeschlamm luftdicht eingeschlossen wurden, sind erhalten.
Das sind z. B. die dicken Pfähle, auf denen die Häuser standen.
So konnten Archäologinnen und Archäologen herausfinden:
Wo standen die Bruchbuden? Wie waren die Siedlungen angeordnet?
In der Steinzeitküche kann man mit Fachleuten quatschen und alles
über die olle Ernährung erfahren: Welche Früchte wurden gesammelt?
Welche Nutztiere hatten die Steinzeitmenschen? Wie bewahrten sie
ihre Vorräte auf? Welche Werkzeuge haben sie benutzt?
Die Pfahlbauten sind ein wirklich cooler Ort, um zu sehen,
wie Menschen vor drei- bis zehntausend Jahren gelebt haben.

1   Im ersten Absatz werden zwei Verben zu oft wiederholt: *sind* und *sehen*.
     Unterstreiche diese Wörter oder markiere sie.
     Dann siehst du noch deutlicher, wie oft sie vorkommen.

2   Ersetze die nummerierten Verben *sind* und *sehen* durch präzisere Verben aus dem Wortspeicher.
     Schreibe sie rechts neben die entsprechende Zeile:

     sein: (1) *gelten als*   (2) *liegen*   (3) *zählen zu*
                 (4) *sich befinden* (5) *stehen*
     sehen: (1) *erkennen*   (2) *entdecken*   (3) *erhalten*

3   An sieben Stellen findest du im Text
     Ausdrücke markiert,
     die eher umgangssprachlich sind.
     Lies diese Sätze aufmerksam und entscheide,
     ob du den Ausdruck streichst oder durch
     einen passenderen ersetzt.
     Notiere den passenderen Ausdruck
     in der rechten Spalte.

4   Schreibe den überarbeiteten Text ab.
     Du kannst auf ein extra Blatt oder
     am Rechner schreiben.

Eine Fantasiegeschichte ergänzen

Dieses Bild stammt von dem Fotokünstler Artem Avetisyan. Valea hat sich dazu eine Geschichte ausgedacht.

Meine merkwürdige Wanderung

An einem *schönen/lauen/kühlen* Frühlingsmorgen machte ich eine Wanderung. Ich wanderte durch *grüne/dichte/frische* Wälder und stieg auf einen *steilen/hohen/felsigen* Berg. Langsam wurde ich *durstig/hungrig/müde*. Deshalb wollte ich auf dem Gipfel eine *kurze/gemütliche/ lange Rast* machen. Endlich war ich da und setzte mich *erleichtert/erschöpft/ fröhlich* auf einen Baumstumpf.
Doch was war das? Plötzlich hörte ich ein *leises/hohes/schrilles* Geräusch. Ich schaute mich *vorsichtig/hektisch/neugierig* um.
Ich traute kaum meinen Augen:

1 Wähle im ersten Absatz die Adjektive aus, die am besten passen. Streiche die übrigen Adjektive durch.

Vor mir _____ *(schweben)* Tiere, die ich nur aus dem Zoo _____

2 Erzähle die Geschichte weiter. Setze im 2. Absatz die Verben im Präteritum ein: *Vor mir schwebten Tiere, …*

(kennen). Sie _____ *(sitzen)* oder _____ *(stehen)* auf bunten

Luftballons. Ich _____ *(sehen)* eine Giraffe, einen Bären und einen Tiger.

Weiter hinten _____ *(entdecken)* ich sogar ein Chamäleon. Und was

3 Schreibe im letzten Absatz in wörtlicher Rede auf, was ihr Bruder und ihre Mutter sagen.

_____ *(hängen)* an dem grünen Ballon? Ein Faultier _____

(klammern) sich daran fest. Was _____ *(machen)* diese Tiere am Himmel?

Ungläubig _____ *(reiben)* ich meine Augen und _____

4 Schreibe eine eigene Fantasiegeschichte zu dem Bild in dein Heft. Achte dabei auf Merkmale, die eine Geschichte spannend und lebendig machen wie Präteritum und wörtliche Rede.

(schütteln) den Kopf. Als ich wieder hochschaute, sah ich nur noch die Hügel. Verwirrt trank ich etwas und aß ein paar Nüsse. Dann machte ich mich nachdenklich auf den Rückweg.

Zu Hause erzählte ich beim Mittagessen aufgeregt von den bunten Ballons und den schwebenden Tieren. Aber mein älterer Bruder lachte mich aus:

„_____

_____ "

(… dass ich das geträumt habe) Und meine Mutter sagte: „ _____

_____ "

(… dass ich zu viele Fantasyfilme gucke) Dabei mag ich gar kein Fantasy!

Eine Fantasiegeschichte zu einem Bild schreiben

1 Schau dir das Bild genau an.

2 Gib dem Bild einen passenden Titel.

_____

_____

_____

3 Schreibe deine ersten Gedanken und Fragen zu diesem Bild spontan auf.

_____

_____

4 Du sollst eine Fantasiegeschichte zu dem Bild schreiben.
Bei der Vorbereitung kann dir ein Cluster helfen.
- Informiere dich im Merkkasten noch einmal, wie man ein Cluster erstellt.
- Erstelle nun ein Cluster zu dem Bild auf einem extra Blatt.

 Tipp
Das Wortmaterial
auf Seite 12
kann dir helfen.

5 Schreibe die Fantasiegeschichte.
- Nutze das Cluster, um deine Geschichte zu schreiben.
- Schreibe deinen Text auf die Seite 12. Beachte die Anregungen am Rand.
- Schreibe in der Ich-Form und meistens im Präteritum.

6 Überprüfe deinen Text und berichtige Fehler.

Was ist ein Cluster?

Ein Cluster ist eine Arbeitstechnik, mit der man seine Ideen und Einfälle sammeln und übersichtlich aufschreiben kann. Darum sollte man ein Cluster machen, bevor man beispielsweise eine Geschichte schreibt. Die folgenden Arbeitsschritte können beim Clustern eine Hilfe sein:
- Zuerst schreibt man in die Mitte eines Blattes den Titel der Geschichte in großen Druckbuchstaben auf und kreist ihn ein.
- Dann schreibt man um den eingekreisten Titel herum all das auf, was einem für die Geschichte einfällt. Das können einzelne Wörter, kurze Sätze oder Fragen sein. Jeden einzelnen Einfall kreist man ebenfalls ein.
- Zu diesen Einfällen kommen einem vielleicht noch andere Gedanken und Ideen. Man schreibt sie in gleicher Weise auf und kreist auch sie ein.
- Zum Schluss verbindet man inhaltlich zusammengehörende Begriffe, Gedanken und Fragen durch Linien miteinander.
- Man muss beim Schreiben der Geschichte aber nicht alle notierten Einfälle verarbeiten. Nur die Ideen, die auch wirklich in die Geschichte hineinpassen, werden verwendet; die anderen Ideen lässt man einfach weg. Und wenn man noch neue Einfälle hat, kann man diese Ideen natürlich auch noch in den Text einarbeiten.

_____

_____

_____

_____

_____

_____

_____

_____

_____

_____

_____

_____

_____

_____

_____

_____

_____

_____

Überschrift

Einleitung

Es ist **Nacht** und du bist in der **Wüste**:
Wie ist es dort?
Was kannst du sehen, hören, riechen, fühlen?

dunkel, kühl, sandig, totenstill, gespenstisch, gefährlich, aufgeregt, bekommen, ängstlich, schwacher Lichtschimmer, dunkle Schatten …

Wer oder **was** ist auch in der Wüste?
Was passiert?

Öllampe, dampft, magisch, Idee, Wunschlampe, wünsche mir …

Schluss
Wie ist das Ganze ausgegangen?

Sonnenaufgang, erschöpft, erleichtert, froh, lachen …

Vom Cluster zur eigenen Fantasiegeschichte

1 Dieses Bild stammt von dem berühmten japanischen Künstler Katsushika Hokusai.
Es heißt „Ein plötzlicher Windstoß". Gehe mit den Augen im Bild spazieren.
Sieh es dir in aller Ruhe an.

2 Überlege:
- Was hast du auf dem Bild entdeckt?
- Was stellt der Wind so alles an?

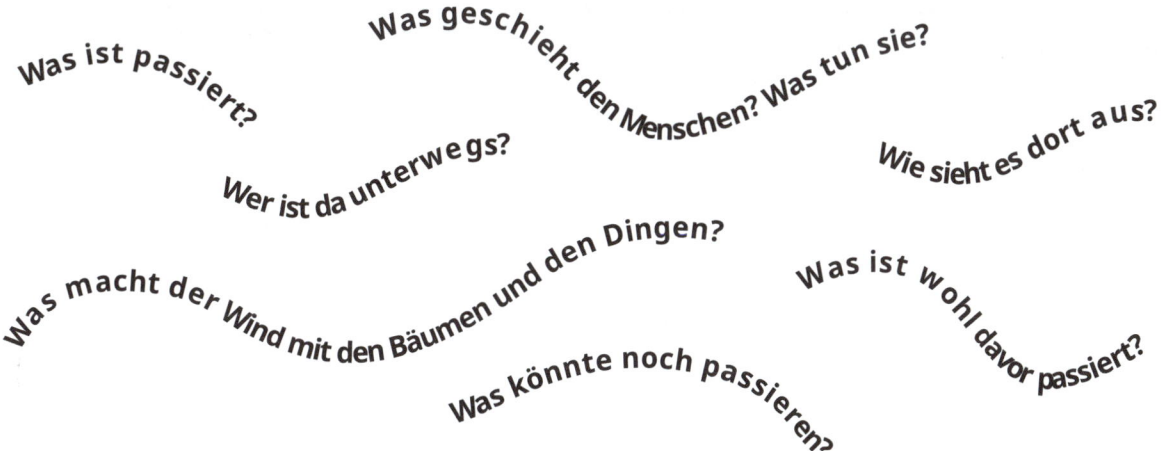

Was ist passiert?

Was geschieht den Menschen? Was tun sie?

Wer ist da unterwegs?

Wie sieht es dort aus?

Was macht der Wind mit den Bäumen und den Dingen?

Was ist wohl davor passiert?

Was könnte noch passieren?

3 Fülle das **Cluster** aus, das auf Seite 14 bereits angefangen ist.
Lass deinen Gedanken freien Lauf.
- Notiere alles, was dir zu dem Bild einfällt.
- Du kannst das Cluster um weitere Gedankenblasen ergänzen.
- Verbinde die Einfälle und Ideen, die inhaltlich zusammenpassen,
  mit Linien zu einer **Gedankenkette**.

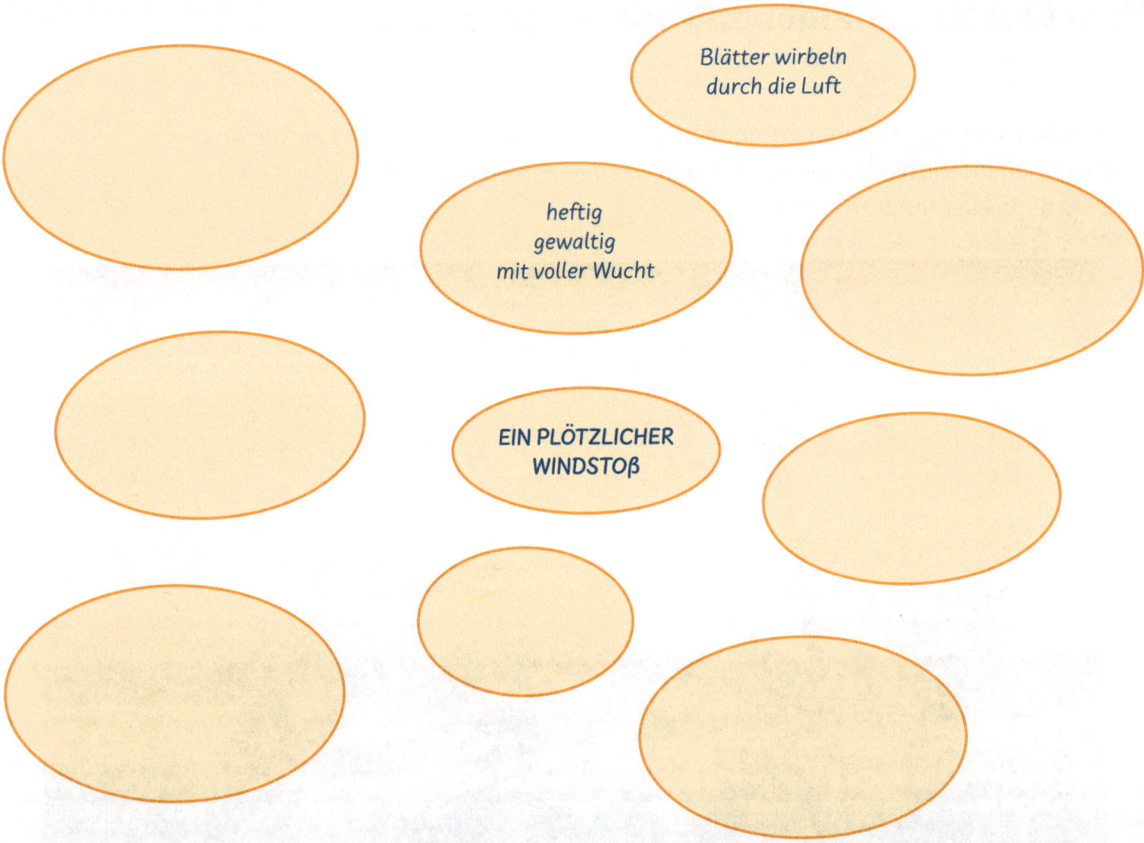

4 Nutze die **Gedankenkette** und einige Ideen aus dem Cluster und schreibe eine Geschichte. Wenn dir dabei noch etwas Neues einfällt, kannst du das auch in deinen Text einbauen.

- Schreibe deinen Text auf ein extra Blatt.
- Nutze den Wortschatz und die Checkliste.
- So ähnlich könntest du beginnen:

Früher einmal wohnte ich in …
Von dort hatte man einen herrlichen Blick auf die Berge.
Jeden Morgen liefen meine … und ich auf einem schmalen
Weg durch die Wiesen und Felder zur … und am Nachmittag
liefen wir wieder zurück. Es war jeden Tag dasselbe.
Aber eines Tages geschah etwas Unerwartetes. …

5 Nutze die **Gedankenkette** und die ein oder andere Idee aus dem Cluster und schreibe eine Geschichte. Wenn dir dabei noch etwas Neues einfällt, kannst du das auch in deinen Text einbauen.

- Schreibe deinen Text auf ein extra Blatt.
- Nutze den Wortschatz und die Checkliste.

Checkliste

- ✔ Ich finde eine passende Überschrift für meine Geschichte.
- ✔ Ich schreibe in der Ich-Form, in der Er-Form oder in der Sie-Form.
- ✔ Ich erzähle in den Zeitformen der Vergangenheit.
- ✔ Ich achte auf abwechslungsreiche Satzanfänge.
- ✔ Ich erzähle lebendig und verwende Spannungswörter, anschauliche Adjektive und Verben.
- ✔ Nach dem Schreiben überprüfe ich meinen Text und berichtige Fehler.

Wortschatz

auf einmal
Bäume bogen sich
Berg, Berge, Berggipfel
Bö, Böen, Sturmbö
Bündel
flog hoch, flog weg
Gras, Gräser
heftig
hielten … fest
Hut, Hüte
Kleid, Kleider, Kleidung
mit aller Kraft
plötzlich
riss aus der Hand,
riss vom Kopf
Rock, Röcke
rüttelte an den Ästen
schmaler Pfad
stemmten sich gegen
den Wind
wurden überrascht von
Weg, Feldweg, Fußweg
wehte, ist hochgeweht,
ist weggeweht
wirbelten
zerrte, der Wind zerrte an

Eine Bildergeschichte untersuchen

1   Schau dir die Bildergeschichte an.
Schreibe in einem Satz auf, worum es in der Geschichte geht.

_____

2   Beschreibe für jedes Bild in Stichworten, was dort passiert.

_____   _____

_____   _____

_____   _____

_____   _____

_____   _____

_____   _____

3   Formuliere einen passenden Titel zu dieser Bildergeschichte.

_____

4 Hier findest du eine Geschichte zu der Bilderfolge.
Die **sechs Geschichtsteile** sind durcheinandergeraten und müssen geordnet werden.
- Lies die ungeordneten Textteile so, wie sie hier stehen.
- Nummeriere sie dann mithilfe der Bildfolge in der richtigen Reihenfolge.
Schreibe die richtigen Zahlen in die Kästchen.

A Als Akos und sein Vater nach ihrer Suche wieder in der Küche angekommen waren und Akos' Vater den Kuchen aus dem Ofen geholt hatte, klingelte es plötzlich.

B Draußen stand ihre lächelnde Nachbarin. Auf ihrem Arm hatte sie die zufriedene Katze, die schnurrte. Akos freute sich, dass die flauschige Katze zurück war.

C Akos ging in die Küche und fragte seinen Vater nach der Katze. Der hatte aber auch keine Ahnung. Er begann sofort, Akos bei der Suche zu helfen.

D Die beiden guckten ins Badezimmer. Akos' Vater fragte ihn: „Wo hast du denn die Katze zuletzt gesehen?" Akos wusste nicht mehr, wann oder wo das gewesen war.

E Die beiden suchten überall, aber die Katze blieb unauffindbar. Akos' Vater guckte sogar hinter den gigantischen Kartons auf dem staubigen Dachboden. Akos sah in den dunklen Ecken nach. Doch hier würden sie die Katze nicht finden. Wie sie zurückkehrte, überraschte aber beide.

F Als Akos ins Wohnzimmer kam, fand er seine Katze nirgendwo. Das Zimmer war wie leer gefegt. Er guckte überall, sogar unter dem großen, weichen Sofa. Aber die Katze blieb verschwunden. Wo ist sie wohl?, fragte sich Akos.

5 **Markiere** in den sechs Geschichtsteilen **Merkmale einer guten Geschichte**.
- … in Geschichtsteil A **ein Wort**, dass **Spannung erzeugt**.
- … in Geschichtsteil B **drei anschauliche Adjektive**.
- … in Geschichtsteil C **vier Verben**, die im **Präteritum** stehen.
- … in Geschichtsteil D **eine Textstelle** mit **direkter Rede**.
- … in Geschichtsteil E **eine Textstelle** mit einer **spannenden Vorankündigung**.
- … in Geschichtsteil F einen **anschaulichen Vergleich** und **eine Gedankenrede**.

6 Schau dir die Bildergeschichte jetzt noch einmal in Ruhe an.
Schlage dein Arbeitsheft zu und schreibe eine eigene Geschichte
zu der Bilderfolge.

Anschauliches Erzählen üben: Satzanfänge

1 In der folgenden Geschichte sind die Satzanfänge sehr ähnlich.
Wenn du in einigen Sätzen die Satzglieder umstellst, dann wird sie lebendiger.
Lies den Text durch. Markiere die Wörter farbig, die du an den Satzanfang holen willst.

Eine Sommergeschichte

1. Mir war im letzten Sommer zu Hause viel zu warm.
2. Ich wollte mich an diesem Nachmittag gerne ganz schnell abkühlen.
3. Ich ging zunächst in der Eisdiele um die Ecke ein Eis essen.
4. Mir war immer noch viel zu heiß und ich schwitzte.
5. Ich ging deshalb in den Park.
6. Es war dort im Schatten der Bäume angenehm kühl.
7. Es fing plötzlich an zu regnen und die Sonne war weg.
8. Ich fand es gleich nicht mehr so warm und über mir hingen schwere, dunkle Wolken.
9. Ich hatte natürlich Angst, dass es gewittern würde.
10. Ich rannte schnell nach Hause, wurde aber trotzdem tropfnass.

2 Schreibe die Geschichte mit den veränderten Satzanfängen auf.
Achte dabei auf die Großschreibung am Satzanfang und
die richtige Satzstellung der übrigen Satzglieder.

Eine Sommergeschichte

Im letzten Sommer war mir zu Hause viel zu warm. An diesem Nachmittag …

_____

_____

_____

_____

_____

_____

_____

_____

_____

_____

3 Was hast du im Sommer erlebt? Schreibe eine eigene kleine Sommergeschichte.
Achte dabei besonders auf abwechslungsreiche Satzanfänge.

Anschauliches Erzählen üben: Wörtliche Rede einfügen

In der Türkei lernt jedes Kind die Geschichte von Hodscha Nasreddin. Er gilt als der türkische Eulenspiegel. Nasreddin wurde vor rund 800 Jahren in einem türkischen Dorf geboren. Den Titel Hodscha (islamischer Gelehrter) erbte er von seinem Vater.

1 Lies den Text.

2 In der folgenden Geschichte fehlen noch die wörtlichen Reden. Füge die Sprechblasen aus dem Bild passend in die Geschichte ein.

Weil ich ein Narr bin.

Warum tust du nicht etwas von deinem Weizen in die Körbe der anderen?

Dann wäre ich ja ein zweifacher Narr!

Weswegen tust du das?

Hodscha Nasreddin in der Mühle

Eines Tages betrat Nasreddin die Mühle. Dort fing er an, von dem Weizen der anderen Leute etwas

wegzunehmen und in seinen eigenen Korb zu tun. Man sprach ihn darauf an:

„_____ "

5 Er entgegnete: „_____ "

„_____

_____ ", fragte man darauf.

Er erwiderte: „_____ "

3 Hast du den Text verstanden? Kreuze die richtigen Aussagen an.
- ☐ a) Nasreddin geht in eine Mühle.
- ☐ b) Der Hodscha kauft in der Mühle Weizen und tut ihn in seinen Korb.
- ☐ c) In der Mühle sind Leute, die Mehl in Körben haben.
- ☐ d) Der Hodscha wird erwischt, als er Weizen stiehlt.
- ☐ e) Nasreddin weiß nicht, was er antworten soll.

4 Schreibe selbst kurze Sätze auf, die den Inhalt der Geschichte wiedergeben.

5 Nasreddin bezeichnet sich als Narren, aber er will kein zweifacher Narr sein. Erkläre, was das bedeutet.

_____

_____

Anschauliches Erzählen üben: Eine Bildergeschichte

1   Schau dir die Bildergeschichte an.

2   Schreibe in einem Satz auf, worum es in der Geschichte geht.

3 Übe das anschauliche Erzählen.

a) Ergänze die fehlenden Textstellen. Am Textrand findest du Notizen, was du einsetzen kannst.
   Hier findest du ein paar zusätzliche Hilfestellungen:

- **Anschauliche Adjektive:** *blitzschnell, beschlagenen, erleichtert, feucht, schnell, wütende, zornig …*
- **Wörtliche Rede:** *Moussa seufzt: „Hoffentlich muss ich nicht stehen!"* /
  Die Frau sagt: „Danke, junger Mann!"
- **Gedankenrede:** *Moussa dachte: Jetzt bloß nicht nachgeben!* /
  Moussa fragte sich: War das da ein Blitz?
- **Anschauliche Vergleiche:** *Die Abflussrinnen am Straßenrand waren wie reißende Flüsse.* /
  Das Gesicht des Mannes wurde rot wie eine Tomate.
- **Wörter, die Spannung erzeugen:** *auf einmal, plötzlich*
- **Spannende Vorankündigungen:** *Was Moussa dann tat, überraschte ihn selbst.*

b) Ergänze die fehlenden Textstellen, wo du am Rand Notizen findest.

Moussa hatte lange auf seinen Bus gewartet. Es regnete stark.

_____

_____

Moussa wollte nur noch nach Hause.

Moussa tapste ungeduldig hin und her, doch da kam endlich der Bus,

wenn auch schleichend. Leider war er sehr voll. Moussa seufzte leise:

„_____

_____"

Moussa stieg in den Bus ein. Alle Plätze waren belegt, bis auf zwei.

Er setzte sich hin. Während der Fahrt sah er durch die beschlagenen

Fenster hinaus. Draußen regnete es noch stärker.

_____,

fragte sich Moussa.

Am nächsten Halt stiegen eine alte Frau und ein Mann ein.

_____ drängte sich der Mann an der alten Frau

vorbei, um sich auf den Platz neben Moussa zu setzen.

_____

_____

1) Nutze einen Vergleich, um das strömende Wasser zu beschreiben.

2) Was könnte Moussa seufzen? Setze direkte Rede ein.

3) Was könnte sich Moussa fragen? Füge Gedankenrede ein.

4) Setze hier ein Wort ein, das Spannung erzeugt.

5) Erzeuge Spannung mit einer Vorankündigung.

_____ streckte er seine Hand aus.

Der Mann stockte und schaute ihn _____ an.

Moussas Hände wurden _____ ,

sein Herz klopfte _____ .

6) Welche Adjektive passen hier? Setze sie ein.

_____ , dachte er.

7) Was könnte Moussa denken? Füge Gedankenrede ein.

Das Gesicht des Manns wurde _____

und er holte Luft, um zu schreien. So langsam bekam Moussa doch

Angst. Sollte er doch besser die Hand wegnehmen?

8) Wie sieht das Gesicht des Mannes aus? Füge einen anschaulichen Vergleich ein.

Da räusperte sich _____ die Busfahrerin.

9) Setze hier ein Wort ein, das Spannung erzeugt.

Endlich gab der _____ Mann auf

und ging grummelnd weiter.

10) Setze ein passendes Adjektiv ein.

Moussa atmete _____ auf, als sich die alte Frau

neben ihn setzte.

11) Hier fehlt auch ein Adjektiv. Setze es ein.

Sie lächelte freundlich und sagte: „_____

_____ "

12) Was könnte die Frau sagen? Setze direkte Rede ein.

4   Schreibe kurz auf, wie dir die Bildergeschichte über Moussa im Bus gefällt. Begründe deine Meinung.

_____

_____

_____

_____

_____

Eine Bildergeschichte schreiben

1

2

3

4

5

6

1 Beantworte folgende Fragen zu der Bildfolge jeweils in einem Satz.

Worauf zeigt das eine Mädchen, als das andere über den Zaun klettern will?

_____

Welche Ideen könnten die Mädchen haben, um ihren Ball zurückzubekommen?

_____

Was denkt sich das Mädchen im Garten?

_____

2 Formuliere eine passende Überschrift für die Bildergeschichte.

_____

3 Gestalte die vier Figuren aus.

 a) Finde passende Namen für die drei Mädchen und den Hund. Schreibe sie unter das Bild.

III b) Wie sind sie? Ordne ihnen passende Adjektive zu.

 c) Was denken und sagen sie? Ergänze passende wörtliche Rede und Gedankenrede.

_____   _____   _____   _____

_____   _____   _____   _____

4 Schreibe eine Geschichte zu der Bilderfolge.

III a) Du kannst den folgenden Anfang in dein Heft übertragen und fortsetzen.
 Nutze deine Notizen von Aufgabe 1 bis 3.

 Die zwei Freundinnen … spielten Fußball. Plötzlich flog der Ball über den Zaun. … begann gleich,
 über den Zaun zu klettern. Sie hatte nicht gesehen, was … gerade entdeckt hatte: … Plötzlich …

III b) Nutze dazu deine Notizen aus den Aufgaben 1 bis 3.

5 Überprüfe mithilfe der Checkliste deine Bildergeschichte.

Checkliste

Eine Bildergeschichte schreiben

- ✔ Schau dir die Bilder genau an.
- ✔ Gib den Hauptfiguren Namen.
- ✔ Schreibe im Präteritum (Vergangenheit).
- ✔ Formuliere passende Überleitungen.
- ✔ Verwende wörtliche Rede und Gedankenrede.
- ✔ Gestalte die Geschichte durch abwechslungsreiche Verben, Adjektive und Vergleiche lebendig.
- ✔ Ergänze passende Ideen.
- ✔ Achte auf eine klare Gliederung in Einleitung, Hauptteil (mit Höhepunkt bzw. Pointe) und Schluss.
- ✔ Gib deiner Erzählung eine passende Überschrift.

Selbstständig eine Geschichte zu einer Bildfolge schreiben

1   Schreibe zu dieser Bildfolge eine Geschichte.

1

2

3

4

5

6

7

8

2   Überprüfe und verbessere deine Geschichte mithilfe der Checkliste auf der Seite 23.

Ein Märchen lesen und verstehen

1 Das Märchen „Die Sterntaler" ist eines der bekanntesten Märchen der Brüder Grimm. Lies es.

Brüder Grimm: Die Sterntaler

Es war einmal ein kleines Mädchen, dem waren Vater und Mutter gestorben. Es war so arm, dass es kein Kämmerchen[1] mehr hatte, in dem es wohnen konnte. Schließlich hatte es gar nichts mehr als die
5 Kleider auf dem Leib[2] und ein Stückchen Brot in der Hand, das ihm jemand geschenkt hatte.

Das Mädchen war aber gut und fromm. Und weil es so von aller Welt verlassen war, ging es im Vertrauen auf den lieben Gott hinaus ins Feld.
10 Da begegnete ihm ein armer Mann, der sprach: „Ach, gib mir etwas zu essen, ich bin so hungrig." Es reichte ihm das ganze Stückchen Brot und sagte: „Gott segne's dir", und ging weiter.

Da kam ein Kind, das jammerte und sagte: „Es friert
15 mich so an meinem Kopf, schenk mir etwas, womit ich ihn bedecken kann." Da nahm das Mädchen seine Mütze ab und gab sie ihm.

Und als es noch ein Weilchen gegangen war, kam wieder ein Kind und hatte kein Leibchen[3] an und

20 fror. Da gab das kleine Mädchen ihm seins; und bald darauf, da bat ein Kind um ein Röcklein, da gab es auch seinen Rock weg.

Endlich kam es in einen Wald. Es war schon dunkel geworden, da kam noch ein Kind und bat um ein
25 Hemdlein. Das fromme Mädchen dachte: Es ist dunkle Nacht, da sieht dich niemand, du kannst wohl dein Hemd weggeben. – Es zog das Hemd aus und verschenkte es auch noch.

Und wie es so stand und gar nichts mehr hatte, fielen
30 auf einmal die Sterne vom Himmel und waren lauter harte, blanke Taler[4]. Und obwohl es sein Hemdlein weggegeben hatte, trug es ein neues aus allerfeinstem Leinen.

Da sammelte es sich die Taler hinein und war sein
35 ganzes Leben lang reich.

[1] das Kämmerchen: eine Kammer, ein kleines Zimmer
[2] der Leib: der Körper
[3] das Leibchen: ein dünnes Kleidungsstück
[4] der Taler: das Geldstück, die Münze

2 Beschreibe, was dir an dem Märchen gefallen hat oder was dich überrascht hat.

_____

_____

3 Die Bilder sind durcheinandergeraten. Schau im Text noch mal nach, was nacheinander passiert und nummeriere die Bilder in der richtigen Reihenfolge.

4 Im Märchen hast du ein besonderes Mädchen kennengelernt. Beschäftige dich genauer mit ihm.

a) In Zeile 8 steht, dass das Mädchen „von aller Welt verlassen war".
Erkläre, was damit gemeint ist.

_____

_____

b) Was denkst du, wie sich das Mädchen dabei fühlt und was es sich wünscht?
Notiere deine Vermutungen.

_____

_____

c) Markiere die Eigenschaften, die auf das Mädchen zutreffen.

*hat Verständnis für die Not von anderen — denkt nur an sich selbst — ist hilfsbereit —
ist vernünftig — schaut weg, wenn andere in Not sind — zeigt kein Mitleid — ist freundlich —
ist fromm — hat ein gutes Herz — ist geizig — ist großzügig — zeigt Mitleid — vertraut Gott*

5 Schau dir das Ende des Märchens noch einmal genauer an.

a) Auf welche Weise wird das Mädchen für seine guten Taten belohnt? Schreibe es auf.

_____

b) Was meinst du: Könnte es eine „himmlische" Belohnung geben, über die sich das Mädchen noch mehr
freuen würde? Schreibe deine Gedanken auf.

_____

_____

c) Was denkst du, was das Mädchen mit all dem Geld machen wird? Notiere deine Ideen.

_____

_____

6 Stell dir vor, für dich würde es viele, viele Geldmünzen vom Himmel regnen.
Was würdest du mit diesem Geld machen?

_____

_____

_____

Ein Märchen an seinen Merkmalen erkennen und weiterschreiben

1 Das folgende Märchen handelt von Iwan Zarewitsch, einem russischen Märchenhelden. Es wurde von Alexander Nikolajewitsch Afanassjew aufgeschrieben, der als der russische Grimm gilt, weil er auch viele Märchen gesammelt hat. Lies den Anfang des Märchens.

Iwan Zarewitsch, der Feuervogel und der graue Wolf

Ein König hatte einen wunderschönen Garten und in diesem Garten stand ein Baum, an dem goldene Äpfel wuchsen. Eines Tages stellte er fest, dass jemand nachts Äpfel gestohlen hatte. Um den Diebstahl aufzuklären, legten sich die drei Königssöhne in der nächsten Nacht auf die Lauer.
Die beiden älteren schliefen schnell ein, doch Iwan, der jüngste Sohn, bekam den Dieb zu sehen und – beinahe – zu
5 fassen. Es war der Feuervogel. Iwan versuchte, ihn zu fangen, aber es gelang ihm nur, dem Feuervogel eine Schwanzfeder auszureißen. Die Feder beeindruckte den König so sehr, dass er seine Söhne auf ihren edlen Pferden in die weite Welt hinausschickte, um ihm den Feuervogel zu bringen. Jeder der drei ritt in eine andere Richtung.
Iwan war schon einige Tage unterwegs, als er sehr müde wurde. Er legte sich hin, um ein wenig zu schlafen.
Als er aufwachte ...

2 Laila hat zu dem Märchen vier Bilder gemalt. Schau sie dir an.

a) Kreuze an, welche Bilder das Märchen richtig darstellen.

b) Bei einem der Bilder hat sich ein Fehler eingeschlichen. Erkläre, was bei diesem Bild nicht zum Märchen passt und wie es richtig sein müsste.

_____

_____

c) Male das Bild neu und verbessere es so, dass es zum Märchen passt.

3   Kreuze an, welche Märchenmerkmale auf diesen Märchenanfang zutreffen:

☐ Anfangsformel   ☐ unbestimmter Ort, unbestimmte Zeit   ☐ arme, hilfsbedürftige Figuren

☐ Könige, Königinnen, Prinzen, Prinzessinnen   ☐ Figuren mit gegensätzlichen Eigenschaften

☐ Aufgabe, Rätsel, Gefahr   ☐ magische Orte, Dinge, Tiere und Wesen

☐ Sprüche und Zauberformeln   ☐ die Zahlen 3, 7 und 12   ☐ Schlussformel

4   Märchen haben oft einen typischen Anfang. Formuliere den ersten Satz des Textes so um,
dass man gleich weiß: Die Geschichte ist ein Märchen.

_____

_____

5   Der Zar hat seinen Söhnen eine schwierige Aufgabe gegeben. Formuliere sie als wörtliche Rede.

„_____

_____"

6   Überlege dir, wie das Märchen weitergeht. Halte deine Ideen schriftlich fest.
Folgende Fragen können dir dabei helfen:
- Was sieht oder erlebt Iwan, als er wieder aufwacht?
- Welche Gefahren und Prüfungen warten auf ihn?
- Gibt es magische Wesen oder Dinge, die ihm helfen oder ihn in Gefahr bringen?
- Welche Rolle spielt der graue Wolf, der in der Überschrift genannt wird?
- Wann und wie begegnet Iwan dem Feuervogel? Wie schafft er es, die Aufgabe zu lösen?
- Wie reagiert die Familie von Iwan auf seine Rückkehr?

7   Schreibe nun den Mittelteil und den Schluss des Märchens.
- Beachte die Märchenmerkmale.
- Denke an den typischen Aufbau von Märchen. Die Märchenkarten können dir dabei helfen:

Ausgangssituation/Aufbruch

Ein Ereignis am Anfang führt zu einer außergewöhnlichen Ausgangssituation.

Gefahren/Prüfungen

Auf dem Weg zum Ziel lauern Gefahren und schwierige Aufgaben sind zu bestehen.

Ende/Ziel

Am Ende wird die Mühe belohnt. Die Guten werden belohnt und die Schlechten bestraft.

8   Recherchiere im Internet, wie das Märchen im Original weitergeht und endet.
Vergleiche es mit deinem Märchen.

Ein Gedicht selbst zusammenstellen

1 Vervollständige das Gedicht mit den passenden Versen.
Wenn du auf den Paarreim achtest, wird dir die Zuordnung leichter fallen.

Plusteback

Wolfgang Menzel

Das ist der Hamster Plusteback,

der treibt am liebsten Schabernack[1].

Du spielst mit ihm und passt nicht auf,

er klettert _____

5 und, schwupp, es dauert gar nicht lange,

turnt er _____

und bleibt dort oben einfach liegen.

Du kannst ihn _____

So ist der Hamster Plusteback,

10 der treibt so manchen _____

Das ist der Hamster _____

der treibt am liebsten Schabernack.

Du nimmst ihn hoch _____

an deinen Hals, an dein Gesicht.

15 Er schnuppert noch an deinem Kinn,

doch, schwupp, _____

Flitzt durch den Ärmel – gradeaus

und unten _____

So ist der Hamster Plusteback,

20 der treibt so manchen Schabernack.

[1] *Schabernack treiben: übermütige Streiche spielen*

die Gardine rauf	*ist er im Kragen drin*
und hältst ihn dicht	*kommt er wieder raus*
Plusteback	*auf der Gardinenstange*
nicht mehr runterkriegen	*Schabernack*

Ein Gedicht sinngemäß ergänzen

Der Unterschied

Paul Maar

Eine kleine Schnecke

kroch um eine _____　*Decke, Hecke, Zecke*

und sah auf einer _____　*Weide, Wiese, Koppel*

die Kuh Marie-Luise.

5　Die kleine Schnecke betrachtete sie,

staunte sie an,

kroch näher und _____:　*rief, flüsterte, schrie*

„Hallo, schau mal, große Kuh:

Ich hab Hörner ganz wie _____!"　*sie, du, alle*

10　Die Kuh, die trottete vorbei,

die Schnecke war ihr _____!　*einerlei, ganz egal, lästig*

„Das mit den Hörnern mag ja sein",

so sagte sie im _____,　*Liegen, Gehen, Kriechen*

„doch meine sind groß

15　und deine sind _____",　*klein, winzig, feucht*

und ließ die Schnecke _____.　*sehen, sitzen, stehen*

1　Ergänze dieses Gedicht sinngemäß.

▮▮▮　a) Finde aus den Wörtern am Rand das passende heraus
　　　und schreibe es auf.
　　　Achte darauf, dass sich die Wörter reimen.

▮▮▮　b) Finde aus den Wörtern am Rand das passende heraus
　　　und schreibe es auf.

2　Lies dein Gedicht laut vor, damit du hörst,
　　ob es sich reimt und ob inhaltlich alles stimmt.

💡 **Tipp**　Überprüfe dein Ergebnis anhand des
　　　　Originalgedichts von Paul Maar
　　　　im Lösungsteil.

3　Unterstreiche die Wörter, die sich reimen,
　　und kennzeichne sie mit gleichen Buchstaben
　　(z. B. a – a; b – b).

Unterschiedliche Reimformen erkennen und bilden

1 Schau dir die Form der beiden Gedichte genauer an.
- Unterstreiche die Reimwörter.
- Schreibe unter jedes Gedicht, welche Reimform verwendet wird.

Das Eichhörnchen

Josef Guggenmoos

Wer solch ein Haus wie ich besitzt,

wer keck im Tannenwipfel sitzt,

sieht überm Wald die Wolken gut

und schaut dem Förster auf den Hut.

_____

Gelogen

Paul Maar

Was du hier liest,

ist kein Gedicht,

ist endlos lang

und reimt sich nicht.

_____

2 Bilde Reime aus den folgenden Wörtern:
Feuer – Ungeheuer – Berg – Zwerg

3 Bilde Reime
▌▌ a) aus den folgenden Wörtern:
Hai – Papagei – Aal – Wal
▌▌ b) aus vier Wörtern deiner Wahl.

Paarreim	Paarreim
_____	_____
_____	_____
_____	_____

Kreuzreim	Kreuzreim
_____	_____
_____	_____
_____	_____
_____	_____

umarmender Reim	umarmender Reim
_____	_____
_____	_____
_____	_____

Ein Gedicht schreiben: Haiku

1 Lies das folgende Haiku und finde heraus, aus wie vielen Silben die erste, zweite und dritte Zeile besteht.
Zeichne Schwungbögen ein und schreibe die Silbenanzahl auf.

Wochenlang schwitzen.   *Der erste Vers besteht aus _____ Silben.*

Heute endlich Hitzefrei.   *Der zweite Vers besteht aus _____ Silben.*

Der Sommer ist da!   *Der dritte Vers besteht aus _____ Silben.*

2 Vervollständige den folgenden Satz, damit du weißt, wie ein Haiku aufgebaut ist.

Das Haiku ist ein kurzes, japanisches Gedicht.

Es besteht aus _____ Versen mit _____ , _____ und _____ Silben,

also insgesamt nur _____ Silben.

3 Schreibe nun selbst ein Haiku.

▌▌ a) Lies die folgenden Sätze zur Jahreszeit „Frühling".

Mal ist es kühl, mal ist es mild. Gerade wärmt die Sonne mein Gesicht.
Die ersten Blätter sprießen. Auch ersten Knospen wachsen.
Vögel bauen ihre Nester und brüten. Ihr Zwitschern macht mir morgens gute Laune.
Die Natur wird wieder bunt und lebendig. Und mich macht das auch froh.

▌▌ b) Formuliere weitere Sätze zur Jahreszeit „Frühling".

_____

_____

▌▌ c) Wähle Sätze aus Aufgabe 3 a) und b) aus und verkürze sie dann,
bis du das Wichtigste in einem Haiku zusammenfügen kannst.

_____ *(5 Silben)*

_____ *(7 Silben)*

_____ *(5 Silben)*

▌▌ d) Überlege, welche Jahreszeit du am liebsten magst, und verfasse dazu ein Haiku.
Beachte die Anzahl der Verse und Silben.

_____

_____

_____

Ein Gedicht gestaltend vortragen

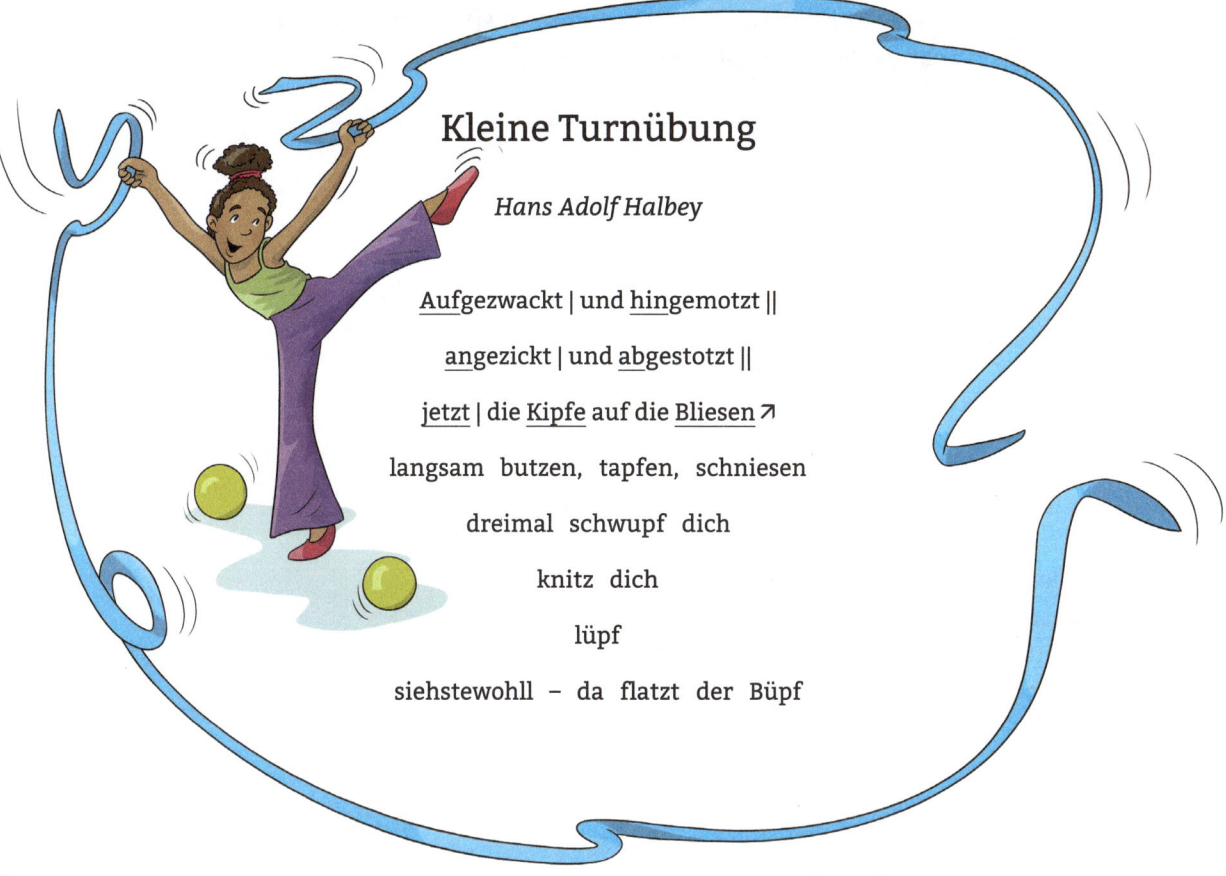

Kleine Turnübung

Hans Adolf Halbey

Aufgezwackt | und hingemotzt ||

angezickt | und abgestotzt ||

jetzt | die Kipfe auf die Bliesen ↗

langsam butzen, tapfen, schniesen

dreimal schwupf dich

knitz dich

lüpf

siehstewohll – da flatzt der Büpf

1 Bereite das Gedicht für einen Vortrag so vor, dass es beim Zuhören richtig Spaß bereitet.
Lies dir das Gedicht mehrmals selbst vor.
Setze dann die Vorlesezeichen für das gestaltende Vorlesen ein:
- Setze Pausenzeichen (| oder ||).
- Unterstreiche Wörter oder Silben, die du betonen möchtest.
- Setze Lautstärkenzeichen (laut <, leise >).
- Setze Zeichen für das Sprechtempo (schnell →, ← langsam).
- Zeichne einen Pfeil (↗), wenn die Stimme nicht absinken soll.

2 Wie erzeugt man beim Vortragen Spannung? Nenne mindestens zwei Möglichkeiten.

_____

_____

3 Übe das Gedicht in verschiedenen Stimmungslagen vorzutragen:
- als Droh- oder Schimpfgedicht
- als Spottgedicht (als wolltest du jemanden auslachen oder verspotten)
- als Kopfschmerz- oder Erkältungsgedicht (voller Wehleidigkeit, sodass andere richtig Mitleid bekommen)

4 Beschreibe in Stichworten, wie du sprechen kannst, damit es so wirkt:

drohend/schimpfend: _____

spöttisch: _____

leidend: _____

Einen literarischen Text erschließen

1 Der Titel des folgenden Texts heißt „Der heimliche Hund". Überlege, worum es in diesem Text gehen könnte, und notiere deine Vermutungen.

_____

_____

2 Lies den Text.

Der heimliche Hund

Tilde Michels

Lea will einen Hund haben. Oh, so gern will sie einen Hund. Wenn ich doch einen Hund hätte, denkt sie. Und dann geht sie zu Mama. „Darf ich einen Hund haben?"

„Nein", sagt Mama. „Wir haben keinen Platz für einen Hunde-
5 korb. Und Hunde machen Arbeit. Sie brauchen Futter. Man muss sie jeden Tag spazieren führen, auch bei Regen und Schnee." „Ich mach das bestimmt alles für meinen Hund", sagt Lea. Aber Mama schüttelt den Kopf.

Lea geht zu Papa. „Darf ich einen Hund haben?" Papa überlegt.
10 „Ein Hund ist nett. Aber was machst du mit ihm, wenn wir verreisen?" „Dann nehme ich ihn mit", sagt Lea. „Einen Hund kann man nicht überall mit hinnehmen", sagt Papa. „Wenn wir nicht zu Hause sind, muss er in eine Hunde-Pension. Vielleicht mag er das nicht, außerdem ist das teuer." Papa schüttelt den
15 Kopf. Lea ist traurig.

Am nächsten Morgen in der Schule ist Lea immer noch traurig. In der letzten Schulstunde hat ihre Klasse Turnen. Sie gehen zum ersten Mal auf den Sportplatz. Der Sportplatz liegt außer-halb der Schule. Gegenüber steht ein Haus mit einem hohen
20 Bretterzaun. Der Zaun hat Ritzen. Lea schaut durch eine Ritze. Was sieht sie? Was hört sie? Hunde, die in einem Hof herum-rennen und bellen. Wem gehören die vielen Hunde? An der Mauer des Hauses hängt ein Schild. TIERHEIM steht darauf.

Auf dem Sportplatz denkt Lea immerzu an die Hunde. Nach
25 der Turnstunde schaut sie wieder durch den Zaun. Dann fasst sie einen Entschluss. Sie läutet an der Tür. Ein Wärter öffnet. „Ach, bitte", sagt Lea, „darf ich mal einen Hund spazieren füh-ren?" Der Wärter freut sich. „Natürlich", sagt er. „Wir suchen immer Leute, die unsere Hunde spazieren führen. Wir haben
30 zu wenig Zeit dafür."

„Wieso haben Sie denn so viele Hunde?", fragt Lea. „Gehören die Leuten, die verreist sind?" „Nein", sagt der Wärter. „Das ist ein Tierheim für verlassene Tiere." „Verlassen?", fragt Lea. „Wieso verlassen?"

3 Notiere Leas größten Wunsch.

_____

4 Markiere im Text die Gründe, die aus Sicht der Eltern gegen einen Hund sprechen.

5 Beschrifte das Schild.

35 Der Wärter erklärt ihr: „Es gibt Leute, die kaufen sich ein Tier
oder sie bekommen es geschenkt. Später wollen sie es nicht
mehr. Dann fahren sie mit ihm weg und setzen es im Wald aus
oder auf einem Rastplatz an der Autobahn." „Gemein", sagt
Lea.

40 Der Wärter nickt. „Wer so ein Tier findet, bringt es zu uns. Wir
haben nicht nur Hunde, auch Katzen, Meerschweinchen und
Kaninchen." „Ausgesetzt?", fragt Lea. „Sind sie alle ausgesetzt?" „Nicht alle", sagt der Wärter. „Es kommt auch vor, dass
ein Tier fortläuft und nicht mehr heimfindet." „So ein Tier ho-

45 len die Leute aber bestimmt bei Ihnen ab", sagt Lea. Dann fällt
ihr ein, dass sie nach Hause muss.

„Willst du wirklich kommen und einen Hund ausführen?",
fragt der Wärter. „Klar", sagt Lea. „Darf ich mir einen aussu-
chen?" „Klar", sagt der Wärter. Sie gehen in den Hof zu den

50 Hunden. „Den da!", ruft Lea sofort. Sie deutet auf einen kleinen, struppigen Hund mit einem lustigen Gesicht. „Das ist ein
Schnauzer. Er ist noch jung", sagt der Wärter. „Wie heißt er?",
fragt Lea. „Axi", sagt der Wärter. „Axi passt gut zu ihm", sagt
Lea und sie verspricht: „Ich komme bestimmt bald." „Wenn es

55 deine Eltern erlauben", ruft ihr der Wärter nach.

„Warum kommst du so spät?", fragt die Mama. „Wo warst du?"
„Auf dem Sportplatz." Ist das geschwindelt? Sie war ja wirklich
auf dem Sportplatz. Vorher wenigstens. Lea denkt: Das Tierheim ist mein Geheimnis.

60 Gleich am nächsten Tag geht Lea wieder zum Tierheim. „Da
bin ich", sagt sie. „Darf ich den Axi jetzt ...?" Der Wärter holt
eine Leine. Er macht sie an Axis Halsband fest und reicht sie
Lea. „Geh nicht zu weit!", sagt er. „Nur bis zur großen Wiese
hinter dem Sportplatz."

65 Lea zieht los. Sie ist glücklich, weil sie den Axi jetzt ganz allein
für sich hat. Auf der großen Wiese sind viele Leute, die ihre
Hunde spazieren führen. Die meisten Hunde laufen frei herum. Axi will das auch. Er zieht und zerrt an der Leine und
kläfft. Da beugt sich Lea zu ihm hinunter und löst die Leine.

70 Wie ein Pfeil schießt er los zwischen die anderen Hunde. „He
du!" Eine Frau kommt auf Lea zu. „Dein Hund ist hoffentlich
kein Raufer, oder?" „Nein, nein, bestimmt nicht", sagt Lea. Ein
Raufer ist Axi nicht. Er schwänzelt um die anderen Hunde. Er
beschnuppert sie. Und er hört nicht, dass Lea ihn ruft.

75 „Den hast du schlecht erzogen", sagt die fremde Frau. Die weiß
ja nicht, dass der Axi sich austoben muss, weil er im Tierheim
meistens eingesperrt ist. Und Lea sagt es ihr nicht. Die Frau
soll denken, dass es ihr Hund ist. Aber Lea hat Mühe, den Axi
einzufangen. Wenn er die Leine sieht, entwischt er ihr. Ein an-

80 deres Kind hält ihn schließlich fest. Da kann ihn Lea an die Leine nehmen und heimgehen. Heimgehen – das bedeutet für Axi
das Tierheim. Lea denkt: Wenn du doch ganz richtig mein
Hund wärst! Aber der Axi ist nur Leas heimlicher Hund.

---

6 Kreuze an, welche verlassenen Tiere es
in diesem Tierheim gibt.

7 Lea sucht sich einen Hund aus, mit
dem sie spazieren geht. Notiere, was
du über diesen Hund erfährst.

_____

_____

_____

_____

_____

8 Schreibe in die Gedankenblase einen
passenden Gedanken von Lea.

Der Axi bleibt nicht lange Leas heimlicher Hund. Die Mama
85 will nämlich wissen, wohin Lea immer geht, wenn sie die
Hausaufgaben gemacht hat. Soll Lea sagen: Ich führ den Axi
spazieren? Soll Lea sagen: Ich hab den Axi so lieb?
Soll sie sagen: Der Wärter hat gefragt, ob ich den Axi haben
möchte?
90 Lea traut sich nicht, der Mama vom Axi zu erzählen, weil Mama
keinen Hund will. „Lea entwischt mir so oft", sagt Mama zu
Papa. „Wenn ich sie frage, sagt sie, dass sie zum Sportplatz
geht. Da stimmt was nicht. Wir müssen wissen, was sie treibt."
Das findet Papa auch.
95 Am Samstag ist Papa zu Hause. Er schnappt Lea, als sie durch
die Tür schlüpft. „Warte mal!", ruft er. „Wohin gehst du?" „Zum
Sportplatz", sagt Lea. „Allein?", fragt Papa. Lea brabbelt etwas,
was Papa nicht versteht. Das soll er auch gar nicht. Da sagt
Papa: „Ich begleite dich." Lea seufzt ein bisschen. Dann denkt
100 sie: Meinetwegen! Ich nehme ihn mit zu Axi. Es kommt ja doch
mal raus.

Auf dem Weg reden Papa und Lea kein Wort. Papa ist gespannt,
wohin Lea ihn führen wird. Lea ist gespannt, was Papa sagen
wird, wenn er den Axi sieht. Papa sagt aber nur: „Na, so was!"
105 Und dann gehen sie zusammen mit dem Axi spazieren. Zuerst
muss Axi an die Leine, wie immer.
Auf der Wiese hinter dem Sportplatz lassen sie ihn frei. Da
saust er los. Lea rennt hinterher. Papa geht die Puste aus.
Axi schnuppert am Boden und entdeckt ein Mauseloch. Er
110 scharrt und gräbt und kratzt, bis das Loch ganz groß ist. Dann
steckt er die Schnauze hinein. Als er aus dem Loch rauskommt,
ist er verdreckt und prustet. Eine Maus hat er nicht erwischt.
Jetzt rennt er wieder im weiten Bogen über die Wiese. Aber er
kommt immer zurück und springt an Lea hoch. Auch an Papa
115 springt er hoch. Dem Papa gefällt das.
„Der mag mich", sagt er. Und er tätschelt den Axi.

„Schade", sagt Lea auf dem Heimweg. „Was ist schade?", fragt
Papa. „Dass wir den Axi wieder abliefern müssen." „Stimmt",
sagt Papa. Und dann sagt er: „Vielleicht ist doch Platz für einen
120 Hundekorb." Lea bleibt die Spucke weg. Wie hat Papa das gemeint? „Ja aber …", stottert sie, „aber die Mama?" „Jaja, die
Mama", sagt Papa.
Dann gehen sie am Tierheim vorbei in ihre Wohnung. Mit dem
Axi. „Was bringt ihr denn da an? Ist das ein Überfall?", fragt
125 Mama. Der kleine Hund ist ganz scheu in der fremden Wohnung. Er verkriecht sich hinter dem Schirmständer. Papa sagt
zu Mama: „Er merkt, dass du keinen Hund willst. Es ist auch
nur ein kurzer Besuch. Wir bringen ihn gleich zurück ins Tierheim." „Jaja", murmelt Mama. Lea hat ein bisschen Hoffnung
130 gehabt, ein kleines bisschen. Weil Papa gesagt hat: Platz für einen Hundekorb. Aber Mama sagt nichts von einem Hundekorb. Sie sagt: „Du kannst den Axi immer spazieren führen. Ich
weiß ja jetzt, wo du bist."

9   Leas Eltern bemerken, dass etwas
nicht stimmt. Was macht ihr Vater
deshalb?

_____

_____

_____

_____

10   Kreuze an, was auf die erste Begeg-
nung von Axi und Leas Vater zutrifft.

☐ Axi rennt so schnell, dass Leas Vater
außer Atem ist.

☐ Axi hat Angst vor Leas Vater.

☐ Axi springt an Lea und ihrem Vater
hoch.

☐ Leas Vater ärgert sich, dass er
wegen Axi dreckig wird.

☐ Axi und Leas Vater mögen sich.

11   Schreibe in die Sprechblase, was Leas
Mutter ihr erlaubt.

Manchmal kommen Leute ins Tierheim. Sie suchen sich ein
135 Tier aus, das niemandem gehört, und nehmen es mit. Meistens
eine Katze oder einen Hund. Der Wärter ist froh, wenn die Tiere einen guten Platz finden. Einmal kommt Lea mit Axi zurück.
Zwei fremde Leute reden mit dem Wärter. Sie wollen einen
Hund mitnehmen und haben einen Dackel ausgesucht. Aber
140 plötzlich sagt die Frau: „Schau mal den da! Der gefällt mir noch
besser." Und sie deutet auf Axi. Da zieht Lea ihren Axi an der
Leine dicht an sich heran und rennt los. „Nein", schreit sie.

„Das ist mein Hund!" Sie rennt vom Tierheim weg, am Sportplatz vorbei, an der Schule vorbei, durch die Straße bis an ihr
145 Haus. „Komm", sagt sie zum Axi und steigt die Treppe hinauf
zu ihrer Wohnung im zweiten Stock. Die Mama macht auf.
„Was ist passiert?", fragt sie. Da hockt sich Lea neben Axi auf
den Boden und heult los. Der Axi winselt mit. „Was ist passiert?", fragt Mama noch einmal. Lea schluchzt. „Mein Hund,
150 mein Axi, fremde Leute …" Da begreift Mama, was geschehen
ist. Sie beugt sich zu Lea und streicht ihr übers Haar. Und den
Axi tätschelt sie auch. „Ist schon gut", sagt sie. Lea hebt den
Kopf. „Und der Hundekorb?", fragt sie. „Jaja", sagt Mama. „Das
kriegen wir schon hin."

12 Erkläre, warum Lea Axi am Ende doch
behalten darf.

_____

_____

_____

_____

_____

13 Notiere, was dir am Text gefallen und was dir nicht so gut gefallen hat. Begründe deine Meinung.

_____

_____

_____

_____

14 Lea verheimlicht ihren Eltern, wohin sie geht. Schreibe deine Meinung dazu auf.

_____

_____

_____

_____

▎▎ 15 Stell dir vor, du wärst mit Lea befreundet. Welchen Rat würdest du ihr geben?

_____

_____

_____

_____

16 Leas Mutter und Lea gehen zurück zum Tierheim, um dem Wärter mitzuteilen, dass sie Axi behalten wollen. Verfasse dieses Gespräch.

- Worum geht es in diesem Gespräch? Halte zunächst deine Ideen stichwortartig fest.
- Verfasse kürzere und längere Redebeiträge.
- Achte darauf, dass die Figuren auch wirklich miteinander sprechen.

a) Nutze diesen Anfang und setze ihn fort.

Vor dem Tierheim steht der Wärter und winkt, als er Lea und ihre Mutter mit Axi sieht.

Wärter (erfreut):	*Ach, Lea, zum Glück bist du wieder da! Ich habe mir schon Sorgen gemacht. Aber du strahlst ja richtig.*
Lea:	*Hallo, Herr Wehrle, tut mir wirklich leid, dass ich weggerannt bin. Ich hatte einfach solche Angst, dass mir Axi weggenommen wird.*
Leas Mutter	*Hallo, ich bin Frau Lukić, Leas Mutter. Danke, dass …*
(gibt ihm die Hand):	*Wir haben überlegt …*
Wärter:	*…*

b) Verfasse das Gespräch so, dass Leas Mutter fragt, was sie bei Axi beachten müssen.
Der Wärter könnte darauf eine längere Antwort geben: Auslauf, Nahrung, Gewohnheiten …
Du kannst den Anfang aus a) nutzen.

c) Verfasse das Gespräch wie in einem Theaterstück. Schreibe also wie im Beispiel, wer was sagt, aber auch wie es gesagt wird und was dabei getan wird. Du kannst die Anregungen von a) und b) nutzen.

Lea und ihre Mutter kommen mit Axi zum Tierheim. Vor dem Tierheim steht der Wärter.
Lea strahlt, Axi bellt und springt fröhlich um sie herum.
Wärter (winkt erfreut): Ach! Hallo, Lea, zum Glück …

17 Am Ende des Gesprächs vereinbaren sie, dass Lea dem Wärter nach ein paar Monaten einen Brief schreibt und ihm von ihrem Leben mit Axi berichtet.
Schreibe Leas Brief.

Ideen für das Gespräch

Das Verhalten von literarischen Figuren verstehen

1 Im folgenden Text geht es um ein Mädchen, das manchmal „Spinner" hat. Überlege dir, was diese „Spinner" sein könnten und notiere deine Vermutungen.

_____

_____

2 Der folgende Text stammt aus Stefanie Höflers Buch „Helsin Apelsin und der Spinner". Lies ihn dir durch.

1. Kapitel: Wie Helsin und Louis sich auf ziemlich ungewöhnliche Weise kennenlernen

Angefangen hat alles mit einem einzigen superblöden Wort: *Apelsin*. Apelsin, Apfelsine, Orange. Niemand aus der Klasse sagte *Apfelsine* zur *Orange*. Aber dann kam Louis. Louis war eher klein, dünn wie
5 ein Gartenschlauch und seine halblangen Haare hatten ungefähr dieselbe Farbe wie Zitronenkuchen. „Das ist Louis", sagte Frau Coroni feierlich, als sie an diesem Montag im April mit dem Neuen ankam. „Und das sind meine Zwerge."
10 So nannte sie ihre Klasse, die kleinste zweite Klasse aller Zeiten, nämlich am liebsten. Und dann präsentierte sie Louis ihre dreizehn Zwerge so stolz, als hätte sie jeden einzelnen höchstpersönlich gebastelt: Als Erstes stellte sie ihm Elsa mit den rotgoldenen
15 Feenhaaren vor und Alper, der absolut immer grinste und außerdem der schnellste Junge der Klasse war. Hier saßen Katja mit dem runden Gesicht und Zafira mit der Märchenvorlesestimme und daneben Finn, der zeichnete am allerschönsten. Und da saß Tom,
20 der einzige Junge mit langen Haaren. Die fielen ihm immer wie ein Vorhang ins Gesicht, weil er auch der schüchternste Junge in der Klasse war. Ja, und genau neben Tom, da saß Helsin. Klein und biegsam wie ein Grashüpfer, wild abstehende dunkel-
25 braune Locken, Spitznase. Die Ohren waren so winzig wie Fledermausohren, und die Augen, schwarz wie Bitterschokolade, blitzten immer automatisch dahin, wo es gerade etwas zu entdecken gab. „Und das ist Helsin", sagte Frau Coroni und lächelte
30 Helsin über ihren goldenen Brillenrand an. Und da pustete dieser Louis sich zuerst seinen zitronenkuchengelben Pony aus dem Gesicht. Dann guckte er Helsin mit seinen sehr blauen Augen halb neugierig und halb spöttisch an. Und dann sagte er:
35 „Helsin? Apelsin?" Gleich danach grinste er, nur so

ein winzigwinziges bisschen, und sagte noch mal: „Helsin, Apelsin, Apfelsine!".
Eigentlich war das mehr gemurmelt als gesagt, aber Helsin hörte es natürlich trotzdem. Und sie hörte
40 auch das Wispern, das jetzt von überall her zu ihr rüberwitschte*: „Apfelsine? Helsine?" Denn Helsins Ohren sind zwar winzig, aber sie hören jedes Knistern, jedes Rascheln und jedes Flüstern. Fledermausohren eben. Und wenn einer etwas über Helsins
45 Namen sagt, egal wie leise, dann hören sie das erst recht. Und dann kommt auch schon das Problem. Mit Helsin ist das nämlich so: Helsin ist ein überdurchschnittlich fröhliches Mädchen. Sagt Papa, und es stimmt. Helsin hat meistens schon beim Aufstehen so
50 gute Laune, dass sie sogar ein Lied singt, während sie ihre Strumpfhose anzieht, obwohl die Strumpfhose nie Lust hat, angezogen zu werden. *Der Mond ist aufgegangen* singt sie oder sonst irgendein Abendlied, weil Abendlieder einfach am traurigschönsten klingen.
55 Allerdings hat Helsin auch viel mehr Energie als andere Menschen. Die Extra-Energie ist schuld daran, dass Helsins Adleraugen so genau sehen. Und daran, dass ihre Beine dauernd hüpfen wie ein Flummi. Manchmal allerdings, da kocht die Energie über und
60 spült eine rasende rote Welle in Helsins Körper hoch, und dann sieht und hört und riecht und schmeckt Helsin nichts anderes mehr als FEUERROT. Ihr ganzer Körper kribbelt von den Beinen bis in die Haarspitzen, die Nasenspitze zittert wie eine Autoantenne
65 bei 200 Stundenkilometern, und die rote Kribbelwelle wird immer gewaltiger, bis sie überschwappt: schwupp, raus aus Helsin, und zack! hinein in die Welt. Und das, was dann kommt, das

* *rüberwitschen: herüberflüstern/wispern/zischen*

nennen alle nur den „Spinner". Und genau so war
70 das jetzt auch.
In einer Zwölftelsekunde war Helsin aufgesprungen,
als sie dieses „Helsin, Apelsin, Apfelsine" hörte, und
der Stuhl kippte hinter ihr um: kataplom! Ihre Nasenspitze zitterte, ihre Haare standen in alle Richtungen
75 und ihre schwarzen Augen sprühten Funken.

Die Zwerge erstarrten zu Gartenzwergen. Manche
guckten ängstlich, manche guckten gespannt. Alper
grinste natürlich. Aber alle wussten ziemlich genau,
was jetzt kommen würde.
80 „Washastdugesagt-washastdugesagt", zischte
Helsin [...].

3 Du hast nun einiges über Helsin erfahren. Notiere dazu Stichworte.

_____

_____

_____

_____

_____

4 Erkläre, was es mit dem „Spinner" auf sich hat.

_____

_____

5 Was denkst du, warum sich Helsin über „Helsin, Apelsin, Apfelsine" so ärgert?
Schreibe deine Vermutungen auf.

_____

_____

_____

6 Kannst du dir vorstellen, warum Louis das gesagt hat? Notiere deine Vermutungen.

_____

_____

_____

7 Was denkst du, wie der Text weitergeht:
- Was denkt Helsin?
- Was macht sie?
- Wie reagieren Louis und Frau Coroni?
Schreibe eine Fortsetzung des Kapitels.

||| a) Notiere Stichworte mit deinen Ideen.

||| b) Schreibe deine Fortsetzung auf ein extra Blatt.

Aus einem Sachtext Informationen entnehmen

1   Lies zunächst nur die Überschrift auf Seite 42 und betrachte die Abbildungen.

    • Worum könnte es in dem Text gehen? Schreibe einen Satz auf.

_____

_____

    • Was weißt du bereits über das Thema?

_____

_____

2   Überfliege den Text mit einer Lesetechnik (punktuelles Lesen oder Slalomlesen).
Welche Schlüsselwörter werden im Text erwähnt? Notiere die wichtigsten Informationen, die du
dir merken konntest, in Stichworten.

_____

_____

_____

_____

3   Lies den Text nun aufmerksam durch und markiere wichtige Informationen.

4   Schreibe auf, was dir nach dem Lesen in Erinnerung geblieben ist.

Das war neu für mich:

_____

_____

_____

Das finde ich interessant:

_____

_____

_____

5   Gibt es Stellen und unbekannte Wörter, die du nicht verstehst?
Schlage unbekannte Wörter in einem Wörterbuch oder Lexikon nach.

Heuschrecken

Stell dir einen Schwarm großer, flatternder, hungriger Insekten vor, so riesig und dicht, dass sich der Himmel verdunkelt und die Luft voll davon ist. Heuschrecken krabbeln dir übers Gesicht, auf deiner Kleidung – kreisch! Aber sie wollen dich
5 nicht fressen, sondern nur ein paar Pflanzen ...

Im Grunde sind Heuschrecken große Grashüpfer und hauptsächlich in Afrika und Asien zu Hause. Sie werden Heuschrecken genannt, wenn sie sich zu großen Schwärmen zusammenschließen und zur „Heuschreckenplage" werden. Das tun
10 sie, Experten nach, dann wenn es viel geregnet hat und es viel zu fressen gibt. Die sonst braunen oder grünen Grashüpfer färben sich rot, gelb oder schwarz-gelb und brechen in großen Gruppen zu Fressorgien auf.

Eine Heuschreckenplage versetzt Bauern in Angst und Schre-
15 cken. Die Insekten vertilgen innerhalb von Minuten ganze Reis-, Mais- oder andere Getreidefelder. Auch Blätter, Früchte oder Gemüse jeglicher Art finden sie bekömmlich. Sie können Hungersnöte verursachen, wenn sie in großen Gebieten alles ratzekahl fressen.

---

20 Ein einzelner Heuschreckenschwarm kann über 1200 km² groß sein und aus 100 Milliarden Heuschrecken bestehen. Das sind viel mehr Heuschrecken als Menschen auf der Erde.

Ein Weg, einer Heuschreckenplage etwas Gutes abzugewinnen, ist es, die Insekten zu fangen und zu essen. Sie sind eine
25 gesunde, eiweißreiche Kost und schmecken auch noch gut.

6   Gib den Abschnitten eine passende Überschrift.

▌▌▌ a) Wähle aus den folgenden Überschriften die richtigen
aus und schreibe sie auf die leeren Linien im Text.
Was ist eine Heuschrecke? – Einzelgänger Heuschrecke –
Man kann sie essen – Friedliche Insekten –
Vernichtung der Ernte – Wie groß ist ein Schwarm?

▌▌ b) Finde passende Überschriften und schreibe sie auf die
leeren Linien im Text.

7   Entnimm dem Text nun die wichtigen Informationen.

▌▌▌   a) Hier sind fünf Sätze. Zwei von ihnen sind richtig, drei sind falsch.
      Berichtige die falschen Sätze.
      a) Heuschrecken sind kleine Grashüpfer.
      b) Ein Heuschreckenschwarm kann aus 100 Milliarden Tieren bestehen.
      c) Grashüpfer können in großen Schwärmen zur Heuschreckenplage werden.
      d) Heuschrecken benötigen viel Zeit, um ganze Felder zu vernichten.
      e) Hungersnöte können von Heuschrecken verursacht werden.

      _____

      _____

      _____

   b) Schreibe die wichtigsten Informationen aus jedem Absatz auf.

      Was ist eine Heuschrecke?

      _____

      _____

      _____

      _____

      _____

      _____

      _____

      _____

      _____

      _____

      _____

      _____

Lange und kurze Vokale unterscheiden

Lange und kurze Vokallaute

Jedes einsilbige Wort enthält einen Vokallaut **a, e, i, o, u, ä, ö, ü**. Dieser Vokallaut kann lang oder kurz gesprochen werden. Wird ein betonter Vokallaut im Wortstamm kurz gesprochen, folgen zwei oder mehrere Konsonanten.

1 Sprich die Wörter deutlich aus und trage sie geordnet ein.
- Markiere den betonten Vokallaut.
- Setze unter dem kurz gesprochenen Vokallaut einen Punkt.
- Setze unter den lang gesprochenen Vokallaut einen Strich.

Wiese – Wasser – windig – baden – Sand – Juli – schwitzen – spielen – Hitze – Sonne – Käfer – Sommer – Hut – lesen

Wörter mit kurzem Vokallaut	**Wörter mit langem Vokallaut**
Wasser	*Wiese*

2 Schreibe jeweils zwei weitere Wörter mit kurzem und langem betontem Vokallaut zum Thema Sommer. Kennzeichne sie wie in Aufgabe 1.

III **3** Bei einigen Verben ändert sich die Länge des Vokallautes, wenn man die Vergangenheitsform bildet. Ergänze die Tabelle.

Infinitiv (kurzer Vokallaut)	Präteritum	Perfekt
fallen	*fiel*	*gefallen*
lassen		
essen		
kommen		
messen		
sitzen		
treffen		

Wörter mit Doppelkonsonanten

Doppelkonsonanten

Ein Wort wie *knabbern* besteht aus zwei Silben. Zwischen den Vokallauten der beiden Silben hört man den Konsonanten **b**.
Ist der Vokallaut der ersten betonten Silbe **kurz**, so wird der **Konsonant** beim Schreiben **verdoppelt**: *knab bern*.
Ausgesprochen wird er aber nicht zweimal, sondern nur einmal.

1 Lies die Sätze und trage in die Lücken die angegebenen Doppelkonsonanten ein.
  • Markiere die Doppelkonsonanten.
  • Trage die Silbenbögen ein.

Nach einem So__mm__ergewi_____er mit pra_____elndem Regen   *mm, tt, ss*

hat das Wa_____er a_____es überschwe_____t.   *ss, ll, mm*

Die Mu_____er bringt dem kranken Be_____o eine Ta_____e   *tt, nn, ss*

heiße Su_____e und ein Bu_____erbrot ans Be_____.   *pp, tt, tt*

2 Lies den Text und setze in die Lücken die fehlenden Doppelkonsonanten ein.
  • Markiere die Doppelkonsonanten.
  • Trage die Silbenbögen ein.

ff – ll – mm – nn – pp – ss – tt

Im So__mm__er gehen Ben und Emre gern zum Schwi_____en an den See.

Schne_____ springen sie ins Wa_____er. Ben hat seine Schwi_____bri_____e auf,

damit er unter Wa_____er a_____es sehen ka_____. Nach dem Baden legen sie

sich in die So_____e und e_____en Po_____es und Wa_____eln von einem

Pa_____te_____er. Danach spielen sie noch Tischte_____is. Als sie noch mal ins

Wa_____er gehen wo_____en, sehen sie am Hi_____el Gewi_____erwolken.

Schne_____ ziehen sie sich an und re_____en nach Hause.

3 Ergänze die Reimwörter.
- Markiere die Doppelkonsonanten.
- Trage die Silbenbögen ein.

Tipp
Nur die Anfangsbuch-
staben ändern sich.

fassen	Hummer	Rappe
l_____	S_____	M_____
h_____	K_____	K_____
p_____	N_____	P_____

Tanne	wollen	Mutter
W_____	s_____	B_____
K_____	r_____	F_____
P_____	t_____	K_____

Nr.2345???

4 Schreibe zu jedem Wort vier weitere Wörter der Wortfamilie.
- Markiere die Doppelkonsonanten.
- Trage die Silbenbögen ein.

rennen: *rannte, Rennstrecke*

schwimmen: _____

hoffen: _____

Welle: _____

Herr: _____

Masse: _____

Wette: _____

5 Entscheide: Einfacher oder doppelter Konsonant?
Markiere ihn und trage die Silbenbögen ein.

mit der Mu(t / tt)er ein Rätsel ra(t / tt)en

den anderen die Lu(p / pp)e wegschna(p / pp)en

einen Te(l / ll)er bema(l / ll)en

den Ma(n / nn) im Mo(n / nn)d anschauen

der A(f / ff)e schlä(f / ff)t

am Wa(s / ss)er le(s / ss)en

Wörter mit tz und ck

Wörter mit tz

Das **tz** steht in einem Wort nach **kurzem** betontem Vokallaut im Wortstamm.
Da zwei Konsonanten im Wortstamm folgen, wird **tz** nicht verdoppelt.
Beim Silbenschwingen wird **tz** so geschwungen wie Doppelkonsonanten: *Kat ze.*

1 Die folgenden Wörter gehören zu vier Wortfamilien.
Zu jeder Familie gehören sechs Wörter. Ordne sie.
Achtung: Zwei Wörter gehören in keine dieser Familien! Schreibe sie extra auf.

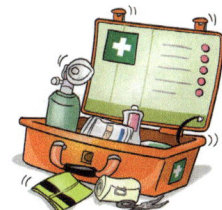

Verletzung – Schwitzkasten – verletzt – Platzpatrone – platzt – wetzen – Vorsitz –
verschwitzt – verletzte – witzig – Sitzung – verletzend – sitzt – geplatzt – schwitzend –
Polstersitz – schwitzte – zerplatzt – Nebensitzer – Platzwunde – verletzbar - schwitzig

sitzen, _____

platzen, _____

verletzen, _____

schwitzen, _____

Diese Wörter gehören zu keiner der Wortfamilien: _____

Wörter mit ck

Das **ck** steht in einem Wort nach **kurzem** betontem Vokallaut im Wortstamm.
Da zwei Konsonanten im Wortstamm folgen, wird **ck** nicht verdoppelt.
Beim Silbenschwingen wird **ck** so geschwungen wie Doppelkonsonanten: *Soc ke.*
C wird hier wie *k* gesprochen.

2 Diese Wörter gehören zu vier Wortfamilien.
Zu jeder Familie gehören drei Wörter. Ordne sie.
Achtung: Zwei Wörter gehören in keine dieser Familien! Schreibe sie extra auf.

trocken – Bäcker – vertrocknet – lecker –aufwecken – backt – verwackeln –
Trockenheit – wackelt – Wecker – gebacken – gekleckert – geweckt – wackelig

wecken, _____

trocknen, _____

backen, _____

wackeln, _____

Diese Wörter gehören zu keiner der Wortfamilien: _____

h zwischen Vokalbuchstaben

h zwischen Vokalbuchstaben

In einigen Wörtern endet die erste Silbe mit einem Vokal und die zweite Silbe beginnt auch mit einem Vokal (*se en*).
In solchen Fällen wird zwischen der ersten und der zweiten Silbe ein **h** eingefügt.
Bei der Silbentrennung gehört dieses **h** zur zweiten Silbe: *se hen, ste hen …*
Dieses **h** bleibt auch in Formen dieser Wörter erhalten, die nur eine Silbe haben:
sieht, steht …

1 Setze die Wörter in richtiger Schreibung in die Lücken ein.
Streiche dann das falsch geschriebene Wort durch!

Mensch als Super-Blitzableiter

Der einzige Mensch, der siebenmal vom Blitz getroffen wurde und einige Male dabei (beinae) *beinahe* zu Tode

kam, ist der (eemalige) _____ Parkwächter R. C. Sullivan aus den USA. Die (Anzieungskraft) _____

_____ dieses (Aufseers) _____ begann in einem Park. Er verlor durch einen Blitz den Nagel

seiner rechten (Zee) _____. Später büßte er durch einen Blitz auf einem (hoen) _____ Hügel

beide Augenbrauen ein. Beim dritten Blitz ist es (gescheen) _____, dass ihm die linke Schulter

versengt wurde. Der vierte Blitz entzündete sein (weendes) _____ Haar. Beim fünften Blitz entkam er

nur mit (Müe) _____ dem Tod, als ihm die Beine versengt wurden. Der sechste Blitz fuhr in seine (Schue)

_____ und verletzte ihm die Fußsohlen. Während des Angelns (nae) _____ an einem See

wurde er vom siebten Blitz getroffen. Er musste verletzt ins Krankenhaus (geen) _____. Bei Gewitter hat

Sullivan seitdem keine (Rue) _____ und keine (froe) _____ Minute mehr. Es ist gut zu (vers-

teen) _____, dass er von seinen Freunden der Super-Blitzableiter von Virginia genannt wurde.

2 Suche zu den folgenden Wörtern je vier verwandte Wörter und schreibe sie auf:

Ruhe: _____

Mühe: _____

drehen: _____

geschehen: _____

früh: _____

Lösungen zum Arbeitsheft Praxis Sprache 5

Seite 4, Aufgabe 1 und 2
Levin: macht Vorschlag 1 (+), Begründung (+), Selina:
geht auf Vorschlag ein (+), Marco: begründet Meinung
nicht (–), Pia: geht auf Vorschlag ein (+), Timo: beleidigt
(–), Robin: macht Vorschlag 2 (+), Finn: macht Einwand
(+), Robin: berücksichtigt Einwand (+), Finn: unterbricht
Robin zweimal (–), weigert sich (–), Jana: macht Vorschlag 3 (+), Liam: schweift vom Thema ab (–), Selina:
entkräftet Vorschlag 3 (+), Zoe: macht sich lustig (–),
Pia und Timo: entkräften Vorschlag 2 (+), Hülya: sucht
sinnvolles Ende (+)

Seite 5, Aufgabe 1
Wie <u>Helsin</u> und <u>Louis</u> | sich auf ziemlich <u>ungewöhnliche</u>
Weise | kennenlernen ||
Stefanie Höfler
Angefangen hat <u>alles</u> | mit einem einzigen <u>superblöden</u>
Wort: || <u>Apelsin</u>. | Apelsin, | Apfelsine, Orange. ||
<u>Niemand</u> aus der Klasse sagte | <u>Apfelsine</u> zur Orange. ||
<u>Aber</u> dann kam <u>Louis</u>. | Louis war eher klein, | dünn wie
ein Gartenschlauch | und seine halblangen Haare |
hatten ungefähr dieselbe Farbe wie <u>Zitronenkuchen</u>.
„<u>Das</u> ist Louis", | sagte Frau Coroni feierlich, | als sie an
diesem Montag im April | mit dem Neuen ankam. || „Und
<u>das</u> sind <u>meine Zwerge</u>." ||
So nannte sie <u>ihre</u> Klasse, | die kleinste zweite Klasse
<u>aller</u> Zeiten, | nämlich am liebsten. || Und dann präsen-
tierte sie Louis | ihre dreizehn Zwerge <u>so stolz</u>, | als hätte
sie jeden einzelnen <u>höchstpersönlich</u> gebastelt: | | [...]

Seite 5, Aufgabe 2
Individuelle Lösung

Seite 5, Aufgabe 3
– feierlich: Stimme ist sehr langsam und ruhig, Wörter/
  Sätze sehr betont sprechen
– spöttisch: Stimme am Ende von Wörtern/Sätzen
  fragend heben, Wörter/Sätze betont sprechen,
  deutliche Pausen nach Wörtern/Sätzen machen

Seite 6, Aufgabe 1

	Schuhpaar 1	Schuhpaar 2
Obermaterial	glatter Kunststoff, Kunststoffgewebe	Stoff
Farbe	Hellgrün	roter Hinter-grund gemustert mit weißen und rosafarbenen, kleinen Blumen
Sohle	weiß mit blauem Streifen zur Spitze	weiß
Sohlenrand	weiß, am Absatz ein Dämpfungsfenster	weiß, roter Streifen in der Mitte
Schafthöhe	keine	geht bis zum Knöchel
Zehenkappe	grün	weiß
Schnürsenkel	blau	weiß

Seite 6, Aufgabe 2
Mögliche Lösung: Ich beschreibe das linke Paar Turnschu-
he: Es handelt sich um ein Paar Turnschuhe in der Farbe
Hellgrün. Das Obermaterial besteht aus glattem Kunst-
stoff. Es hat Einsätze aus Netzstoff in der gleichen Farbe.
Die Sohle und der Sohlenrand sind weiß. In der Höhe des

Absatzes sieht man ein kleines Fenster aus durchsichti-
gem Material. Dort erkennt man die Dämpfung in der
Sohle. Auf der weißen Sohle verläuft ein blauer Streifen
bis zur Zehenkappe des Schuhs. Er ist in einem mittleren
Blau. Wenn man von vorne auf den Schuh sieht, sieht
man ihn. Die Schnürsenkel sind in demselben Blau. Es ist
ein Halbschuh ohne hohen Schaft. An der Ferse ist eine
kleine Schlaufe befestigt, die beim Anziehen hilft.

Seite 7, Aufgabe 1
Individuelle Lösung

Seite 8, Aufgabe 1
mittelalterliche – nördlich – berühmten – alten – lange

Seite 8, Aufgabe 2
vorstellen – aussah – beteten – gingen – holten –
umgewandelt – gibt – erreicht – nutzen

Seite 9, Aufgabe 1
Die Pfahlbauten Unteruhldingen **gelten als** (1) das älteste
Freilichtmuseum von Deutschland. Sie **liegen** (2) am
Bodensee und **zählen zum** (3) UNESCO-Weltkulturerbe.
Auf dem Rundgang **erkennt** (1) man, wie das Ufer früher
aussah. Man **entdeckt** (2), welche Pflanzen und Bäume
dort wuchsen. Am Ufer **befinden sich** (4) nachgebaute
Steinzeitdörfer, die aus der Bronzezeit stammen. Ihre
Häuser **stehen** (5) auf großen Holzpfählen im Wasser.
Auf vielen Schautafeln **erhält** (3) man Informationen zum
Leben und Alltag in den Pfahlbauten.

Seite 9, Aufgabe 3
Mögliche Lösung
– Dort sind aber sicher keine echten Gebäude aus der
  Stein- oder Bronzezeit.
– Es handelt sich nur um Nachbauten.
– Die Steinzeithütten sind lange verrottet.
– Nur die Teile, die vom Bodenseeschlamm luftdicht
  eingeschlossen wurden, sind erhalten.
– Das sind z. B. die dicken Pfähle, auf denen die Häuser
  standen.
– So konnten Archäologinnen und Archäologen heraus-
  finden: Wo standen die Häuser? Wie war die Siedlung
  angeordnet?
– In einer Steinzeitküche kann man sich mit Fachleuten
  unterhalten und alles über die Ernährung damals
  erfahren.
– Welche Früchte wurden gesammelt? Welche Nutztiere
  hatten die Steinzeitmenschen? Wie bewahrten sie ihre
  Vorräte auf? Welche Werkzeuge haben sie benutzt?
– Die Pfahlbauten sind ein spannender Ort, um zu
  lernen, wie Menschen vor drei- bis zehntausend Jahren
  gelebt haben.

Seite 10, Aufgabe 1
*Alle Adjektive passen, aber je nach Wahl ändert sich die
Bedeutung.*

Seite 10, Aufgabe 2
schwebten / kannte / saßen / standen / sah / entdeckte /
hing / klammerte / machten / rieb / schüttelte

Seite 10, Aufgabe 3
Bruder: „Das glaubst du doch wohl selbst nicht. Du hast
das sicher nur geträumt."
Mutter: „Du schaust einfach zu viel Fantasyfilme."

Seite 11, Aufgabe 2
Die Wunderlampe / Zauber in der Wüste / Die drei Wünsche

Seite 11, Aufgabe 3
Mögliche Lösung: Es gibt einen Dschinn. Hier geht es um etwas Magisches. Was entwickelt sich wohl aus dem Rauch?

Seite 11, Aufgabe 4
Mögliches Wortmaterial für das Cluster
Wunschlampe, Aladin, Wüste, Sand, Zauberer, Dschinn, Wünsche, reich, fröhlich, glücklich, sehr alt

Seite 11, Aufgabe 5
Mögliche Lösung: Endlich waren wir an der Oase angekommen. Mama wollte unbedingt in der Wüste übernachten, deshalb war es früh am Morgen losgegangen. Ich war froh, dass ich mich endlich etwas ausruhen konnte. Nach dem Abendessen machte ich mich dann auf und erkundete die Gegend etwas. Plötzlich sah ich ein Glitzern im Sand. Die letzten Sonnenstrahlen wurden von etwas zurückgeworfen. Neugierig kam ich näher und grub es mit meinen Händen aus. Es war eine alte, goldene Öllampe. Sie sah aus, wie aus einem Märchen. Vorsichtig wischte ich den restlichen Sand mit meinem Pulliärmel weg, als auf einmal Rauch aus der Lampe kam. Erschrocken ließ ich sie fallen und der Rauch verzog sich. Ich sah mich um. Es war totenstill und stockdunkel. Ängstlich hob ich die Lampe wieder auf. Geschichten über eine Wunderlampe und Aladin drängten sich in meinen Kopf.
Wieder fing ich an, an der Lampe zu reiben. Diesmal ich vorbereitet ... Als der Rauch aufstieg, nahm ich meinen ganzen Mut zusammen und hielt sie weiter in der Hand. Ich überlegte mir, was ich mir wünschen könnte und schloss die Augen. Ich spürte, dass die Lampe leicht vibrierte und etwas über meine Hand krabbelte.
Ich öffnete die Augen und stieß einen Schrei aus: Ein dicker, fetter Käfer krabbelte über meinen Handrücken! Schnell rannte ich zurück zum Lager, wo es endlich Licht gab. Als ich meiner Mutter davon erzählte, lachte sie nur und meinte: „Unser Wüstenführer hat dich doch gewarnt." Ich glaube immer noch, dass ich eigentlich eine Wunderlampe gefunden habe. Nächstes Mal werde ich mutiger sein.

Seite 13, Aufgabe 2
Auf dem Bild sind grüne Felder zu sehen, durch die sich ein Weg schlängelt. Auf diesem Weg laufen Menschen, die vom Wind überrascht wurden. Er bläst Papiere, Kleidung und Hüte weg. Die Menschen versuchen, die Gegenstände vor dem Wind zu beschützen.

Seite 13, Aufgabe 3
Mögliches Wortmaterial fürs Cluster: Wortschatz von S. 14

Seite 14, Aufgabe 4 und 5
Mögliche Lösung: Früher einmal wohnte ich in einem kleinen Dorf. Von dort hatte man einen herrlichen Blick auf die Berge. Jeden Morgen liefen meine Mitschüler und ich auf einem schmalen Weg durch die Wiesen und Felder zur Schule und am Nachmittag wieder zurück. Es war jeden Tag dasselbe. Aber eines Tages geschah etwas Unerwartetes.

Am Morgen, als wir das Haus verließen, war es schon etwas windig. Das war nichts Besonderes, da wir öfter mit einer steifen Brise zu kämpfen hatten. Wir waren darauf vorbereitet und hatten unsere Sachen gut zusammengepackt. Auch die Hüte waren unter dem Kinn festgebunden. Im Laufe der nächsten Minuten wurde der Wind aber immer stärker. Es fühlt sich an, als ob er uns gezielt attackierte. Egal, wie wir uns drehten und wendeten, es schien immer, als würde der Wind noch eine Schwachstelle finden. Er pustete uns ordentlich durch. Unsere Hefte flogen durch die Luft, die Hüte wollten sich von den Köpfen lösen und es war so laut, dass wir kaum noch eine Chance hatten, uns gegenseitig zu verstehen. Das Einzige, was ich ständig hörte, war ein Kichern. Ich war allerdings so beschäftigt damit, meine Sachen zusammenzuhalten, dass ich dem keine Bedeutung zumaß. Plötzlich hörte der Spuk auf. Wie aus dem Nichts kam die Sonne heraus und es war komplett windstill.
In der Schule erzählten wir unserer Lehrerin davon. Sie lachte nur und meinte: „Habe ich euch noch nie die Geschichte von Shao, dem Windkobold, erzählt?" Und sie begann zu erzählen: von einem kleinen Kobold, der gerne Schabernack trieb und dessen Kichern weit über die Grenzen unseres Dorfes bekannt war.

Seite 15, Aufgabe 1
Es geht um einen Jungen, der seine Katze sucht.

Seite 15, Aufgabe 2
Bild 1: Junge kommt ins Wohnzimmer, sucht seine Katze, sogar unter dem großen Sofa
Bild 2: Junge kommt fragend zur Küchentür rein, Vater backt einen Kuchen und hat keine Ahnung, wo die Katze ist
Bild 3: Vater und Sohn schauen im Badezimmer nach, Vater fragt den Sohn, wo er die Katze zuletzt gesehen hat
Bild 4: Vater und Sohn schauen auf dem Dachboden hinter allen Kartons und in dunklen Ecken nach
Bild 5: Vater und Sohn sitzen wieder in der Küche, es klingelt
Bild 6: an der Haustür steht jemand mit einer schweren Katze im Arm, Junge und Vater sind erstaunt und glücklich

Seite 15, Aufgabe 3
Wo ist Miezi? / Miezi ist weg! / Die entlaufene Katze

Seite 16, Aufgabe 4
A = 5; B = 6; C = 2; D = 3; E = 4; F = 1

Seite 16, Aufgabe 5
A = plötzlich; B = lächelnd, zufrieden, flauschig; C = ging, fragt, hatte, begann; D = „Wo hast du denn die Katze zuletzt gesehen?"; E = Wie sie zurückkehrte, überraschte aber beide.; F = wie leer gefegt; Wo ist sie wohl?, fragte sich Akos

Seite 16, Aufgabe 6
Mögliche Lösung: Wo ist Miezi?
Eines Abends kam Juha in das Wohnzimmer, um seine Katze Miezi zu suchen. Er stellte alles auf den Kopf, sogar unter das monströse Sofa kroch er und schaute, ob sie sich dort versteckte und ein Schläfchen hielt. Das Zimmer war wie leer gefegt und von Miezi fehlte jede

Spur. Juha fragte sich, wo seine Katze sich wohl versteckt hatte. Normalerweise war Miezi sehr anhänglich und bewegte sich nicht viel von ihrer Familie weg. Also suchte er weiter. Als Nächstes schaute er in der Küche. Aber auch hier war sie nicht zu finden und Juha fragte seinen Papa Kimi traurig: „Papa, weißt du, wo Miezi ist? Ich habe sie schon lange nicht mehr gesehen und bin auf der Suche nach ihr." Aber auch Papa konnte ihm nicht weiterhelfen, doch er versprach ihm sofort, bei der Suche zu helfen. Er fragte: „Wo hast du denn schon alles gesucht?" Daraufhin erzählte Juha ihm, dass er bereits erfolglos im Wohnzimmer gesucht hatte. Schnell erledigte Kimi die letzten Handgriffe beim Backen und schob den Kuchen in den Ofen. Ein paar Minuten später setzten die beiden die Suche im Badezimmer fort. Aber auch dort war alles wie leer gefegt. Kimi sagte: „Juha, wo hast du die Katze denn zuletzt gesehen und wann war das?" Juhu macht ein nachdenkliches Gesicht und überlegte, aber er konnte sich nicht daran erinnern. Mit Tränen in den Augen sagte er: „Ich kann mich leider nicht erinnern. Hoffentlich ist sie nicht abgehauen und findet den Weg nicht wieder nach Hause." Die beiden beschlossen, das Haus von oben bis unten abzusuchen. Nach einer Stunde waren Juha und Kimi sehr verzweifelt. Sie hatten in jede Ecke und jeden Winkel geschaut, aber ohne Erfolg. Ihre letzte Station war der Dachboden, wo Kimi hinter alle gigantischen Kartons und in jede staubige Ecke schaute und Juha in die dunklen Ecken. Juha begann zu weinen, doch Kimi tröstete ihn: „Bestimmt taucht Miezi bald wieder auf. Kommt, wir gehen in die Küche und essen erst einmal ein Stück Schokoladenkuchen." Da klingelte es plötzlich an der Haustür. Vor der Tür stand lächelnd ihre Nachbarin, auf ihrem Arm eine zufrieden schnurrende Miezi. Juha macht vor lauter Freude Luftsprünge und jubelte, dass seine Katze wieder da war. Er sagte zu ihr: „Miezi! Mach das nie wieder! Ich hatte solche Angst, dass du nicht zurückkommst."

Seite 17, Aufgabe 2

1. Im letzten Sommer war mir zu Hause viel zu warm.
2. An diesem Nachmittag wollte ich mich gerne ganz schnell abkühlen.
3. Zunächst ging ich in die Eisdiele um die Ecke ein Eis essen.
4. Immer noch war mir viel zu heiß und ich schwitzte.
5. Deshalb ging ich in den Park.
6. Im Schatten der Bäume war es dort angenehm kühl.
7. Plötzlich fing es an zu regnen und die Sonne war weg.
8. Gleich fand ich es nicht mehr so warm und über mir hingen schwere, dunkle Wolken.
9. Natürlich hatte ich Angst, dass es gewittern würde.
10. Schnell rannte ich nach Hause, wurde aber trotzdem tropfnass.

Seite 17, Aufgabe 3

Mögliche Lösung: Im letzten Sommer war das Wetter zu Hause leider sehr durchwachsen. In den Sommerferien waren wir aber in Italien, wo das Wetter richtig schön war. An den heißen Tagen konnte ich mich dort immer am Strand im Meer abkühlen. Natürlich habe ich auch ganz viel Eis, Pasta und Pizza gegessen. Es war alles sehr, sehr lecker. Mit meinen Eltern habe ich sehr viele schöne Ausflüge gemacht. Mir haben diese Sommerfe-

rien sehr gut gefallen. Leider vergingen sie aber viel zu schnell und die Schule ging wieder los.

Seite 18, Aufgabe 2

– „Weswegen tust du das?"
– „Weil ich ein Narr bin."
– „Warum tust du nicht etwas von deinem Weizen in die Körbe der anderen?"
– „Dann wäre ich ja ein zweifacher Narr!"

Seite 18, Aufgabe 3

Richtig sind a), c) und d).

Seite 18, Aufgabe 4

Die Geschichte handelt von einem Mann, der in der Mühle sein Getreide holt. Er wird dabei erwischt, wie er immer aus den Körben der anderen etwas klaut. Auf die Frage hin, warum er das tut, sagt er, er sei ein Narr. Auf die Frage, warum er kein Getreide in die anderen Körbe fülle, entgegnet er, dass dann ja ein zweifacher Narr wäre.

Seite 18, Aufgabe 5

Er will sich der Strafe entziehen: Als Narr kann er nichts dafür, dass er stiehlt. Die Rückgabe des Weizens bedeutet erstens, dass er erwischt worden ist, und zweitens, dass er nichts gewonnen hat.

Seite 19, Aufgabe 2

Die Geschichte handelt von einem netten Jungen, der im Bus für eine alte Frau den letzten freien Platz freihält, als ein junger Mann sich vordrängelt und ihn ihr dreist wegschnappen will.

Seite 20, Aufgabe 3

1) Die Abflussrinnen am Straßenrand waren wie reißende Flüsse.
2) „Hoffentlich muss ich nicht stehen."
3) War das da ein Blitz?
4) Plötzlich
5) Was Moussa dann tat, überraschte ihn selbst.
6) Blitzschnell – Zornig – Schnell
7) Jetzt bloß nicht nachgeben
8) rot wie eine Tomate
9) auf einmal
10) wütende/dreiste
11) erleichtert
12) „Danke, junger Mann." / „Sehr freundlich."

Seite 21, Aufgabe 4

Mögliche Lösung: An der Geschichte von Moussa gefällt mir, dass er sich für Schwächere einsetzt. Er hält der alten und gebrechlichen Frau einen Platz frei. Er ist nicht wie der junge Mann, der ihr den Platz wegschnappen will und nur an sich selbst denkt. Außerdem ist Moussas Verhalten mutig, denn der Mann könnte auch zornig werden.

Seite 22, Aufgabe 1

– Das Mädchen zeigt auf das Hundewarnschild.
– Sie könnten an der Haustür der Nachbarn klingeln, um den Ball zurückzubekommen. / Die Mädchen könnten jemand um Hilfe bitten, ihnen den Ball wieder zurückzuwerfen.
– Das Mädchen im Garten könnte sich Gedanken darüber machen, ob das Mädchen sich nicht beim Klettern verletzt. / Das Mädchen könnte sich denken, dass die

Mädchen völlig unerschrocken sind, weil sie sich von dem Hundewarnschild nicht abschrecken lassen.

Seite 22, Aufgabe 2
Der verlorene Ball / Der gefährliche Hund / Die waghalsige Kletteraktion

Seite 23, Aufgabe 3
Mögliche Lösungen
a) Mädchen 1: Ronja (das kletternde Mädchen); Mädchen 2: Vesna; Mädchen 3: Ella; Hund: Pippa
b) Mädchen 1: angeberisch, mutig, waghalsig, ...; Mädchen 2: ängstlich, vorsichtig, gehorsam, ...; Mädchen 3: freundlich, nett, kontaktfreudig, ...
c) Mädchen 1: „Oh Mist. Da ist ja wirklich ein Hund." / Das wäre doch gelacht, wenn ich nicht über den Zaun komme.; Mädchen 2: „Ob das gut geht?!" / Hätte sie mal auf mich gehört, als ich auf das Schild gezeigt habe.; Mädchen 3: „Lasst ihr mich mitspielen?"; Die Mädchen sehen nett aus ...; Hund: Ich muss mein Revier/Gebiet verteidigen.

Seite 23, Aufgabe 4
Mögliche Lösung: Der verlorene Ball
Die zwei Freundinnen Ronja und Vesna spielten gemeinsam auf einer Wiese Fußball. Während sie den Ball hin und her kickten, hoffte Vesna, dass der Ball nicht über den hohen Zaun neben der Wiese fliegt. Dort war nämlich ein Hundewarnschild angebracht, und was dann? Plötzlich flog der Ball über den Zaun. Ronja begann gleich, über den Zaun zu klettern, und sagte angeberisch: „Das ist doch ein Kinderspiel. Ich hole uns den Ball sofort wieder und dann können wir weiterspielen." Vesna zeigt zwar ängstlich auf das Hundewarnschild, aber da war Ronja schon fast über den Zaun geklettert. Plötzlich flitzte mit wildem Gebell und Knurren ein Hund zum Zaun. Erschrocken ließ Ronja los und fiel zurück. Frustriert schaute Ronja Vesna an und sagte: „So ein Mist! Da können wir vergessen, dass wir den Ball wiederbekommen." Ronja und Vesna waren ratlos. Doch plötzlich sahen beide in dem Haus, das zu dem Garten gehörte, am Fenster einen Schatten einer Person. Das könnte doch die Lösung sein. Ronja rief: „Hey, wir machen einfach auf uns aufmerksam und hoffen, dass die Person dort in dem Haus uns helfen kann." Vesna antwortete skeptisch: „Meinst du, wir bekommen nicht eher Ärger, weil wir hier unerlaubt über den Zaun klettern wollten?!" Noch während sie den Satz sprach, wedelte Ronja wie wild mit ihren Händen, um die Person auf sich aufmerksam zu machen. Da hörten sie eine Mädchenstimme, die bestimmend „Pippa, aus! Bei Fuß!" rief. Sofort war der Hund still und schon stand neben ihm ein Mädchen, das Vesna und Ronja anlächelte. „Ich glaube, ihr wolltet den hier holen", sagte sie und schoss den Ball mit einem ordentlichen Schuss über den Zaun. Vesna und Ronja waren beeindruckt und bedankten sich. „Willst du nicht rüberkommen und mitspielen?"

Seite 24, Aufgabe 1
Mögliche Lösung: Der Streit
An einem Ferientag im Sommer suchte Lea ihren schönen, roten Flummi, den sie sich vor ein paar Tagen gekauft hatte. Lea stellte ihr ganzes Zimmer auf den Kopf. Sie guckte im Kleiderschrank, räumte alles auf

ihrem Regal und schaute sogar unter dem Bett. Sie fand ihren Flummi aber nirgends. Es war so, als würde sie die Nadel im Heuhaufen suchen. Da hatte sie eine Idee. Sie ging zu ihrem Bruder. „Anton, hast du meinen roten Flummi gesehen?" Anton antwortete genervt: „Keine Ahnung, wo du deinen blöden Flummi verbummelt hast!" Lea ließ sich von ihm aber nicht so schnell abwimmeln und fing an, in seinem Zimmer nach ihrem Flummi zu suchen. Ohne Erfolg. Als sie gerade aus dem Zimmer gehen wollte, sah sie aus dem Augenwinkel etwas Rotes. Anton spielt mit ihrem Flummi! „Du Blödmann, du sollst mich nicht anlügen! Gib mir sofort meinen Flummi her oder ich werde es Mama und Papa sagen!" Nicht nur Lea fing an zu schreien, sondern auch Anton: „Du dumme Kuh! Immer wirfst du mich damit ab. Es geschieht dir nur recht, dass du dich dumm und dusselig gesucht hast. Den gebe ich nicht zurück!" Sie rangelten miteinander, immer wilder. Auf einmal flog der Flummi in hohem Bogen durch das Zimmer und traf genau das Lieblingsbild ihrer Mutter. Ein Klirren. Lea und Anton erstarrten. Entsetzt schauten sie auf die Scherben. „So ein Mist!", sagte Anton kleinlaut. „Was sollen wir jetzt machen?", fragte Lea ratlos. „Lass uns erst mal die Scherben zusammenkehren. Dann überlegen wir uns, wie wir das Mama und Papa beibringen."

Seite 25, Aufgabe 2
Individuelle Lösung

Seite 25, Aufgabe 3
4 – 1 – 2 – 5 – 3

Seite 26, Aufgabe 4
a) Niemand kümmert sich um das Mädchen und es ist ganz auf sich allein gestellt. Es hat seine Eltern und sein Zuhause verloren.
b) *Mögliche Lösung:* Das Mädchen ist wahrscheinlich traurig und fühlt sich einsam. Es wünscht sich ein Zuhause und Menschen, die auf es aufpassen und es liebhaben.
c) *Folgende Eigenschaften können markiert werden:* hat Verständnis für die Not von anderen – ist hilfsbereit – ist freundlich – ist fromm – hat ein gutes Herz – ist großzügig – zeigt Mitleid – vertraut Gott

Seite 26, Aufgabe 5
a) feines, neues Kleidungsstück, Geldstücke, die als Sterne vom Himmel fallen, plötzlicher Reichtum
b) Das Mädchen ist zwar nun sehr reich, aber dennoch allein. Eltern, liebe Menschen wünscht es sich auch.
c) *Mögliche Lösung:* Das Mädchen teilt das Geld mit anderen, baut ein Zuhause für andere Waisen.

Seite 26, Aufgabe 6
Individuelle Lösung

Seite 27, Aufgabe 2
a) Die Bilder 1, 3 und 4 passen zum Text.
b) Bei Bild 2 müssten am Baum goldene Äpfel hängen.

Seite 28, Aufgabe 3
Angekreuzt sein müssen: unbestimmter Ort, unbestimmte Zeit / Könige, Königinnen, Prinzen, Prinzessinnen / Aufgabe, Rätsel, Gefahr / magische Orte, Dinge, Tiere und Wesen / die Zahlen 3, 7 und 12

Seite 28, Aufgabe 4

Es war einmal ein König, der hatte einen wunderschönen Garten ... / Vor langer, langer Zeit lebte in einem fernen Königreich ein König, der ...

Seite 28, Aufgabe 5

Mögliche Lösung: „Meine lieben Kinder, diese Feder ist so wunderschön! Reitet in die Welt hinaus und bringt mir den Feuervogel!"

Seite 28, Aufgabe 6 bis 8

Individuelle Lösungen

Seite 29, Aufgabe 1

die Gardine rauf / auf der Gardinenstange / nicht mehr runterkriegen / Schabernack / Plusteback / und hältst ihn dicht / ist er im Kragen drin / kommt er wieder raus

Seite 30, Aufgabe 1 und 3

Der Unterschied

Paul Maar

Eine kleine Schnecke	a
kroch um eine <u>Decke</u>	a
und sah auf einer <u>Wiese</u>	b
die Kuh Marie-Luise.	b
Die kleine Schnecke betrachtete sie,	c
staunte sie an, kroch näher und <u>schrie</u>:	c
„Hallo, schau mal, große Kuh:	d
Ich hab Hörner ganz wie <u>du</u>!"	d
Die Kuh, die trottete vorbei,	e
die Schnecke war ihr <u>einerlei</u>!	e
„Das mit den Hörnern mag ja sein",	f
so sagte sie im <u>Gehen</u>,	g
„doch meine sind groß	
und deine sind <u>klein</u>",	f
und ließ die Schnecke <u>stehen</u>.	g

Seite 31, Aufgabe 1

Das Eichhörnchen

Josef Guggenmoos

Wer solch ein Haus wie ich <u>besitzt</u>,	a
wer keck im Tannenwipfel <u>sitzt</u>,	a
sieht überm Wald die Wolken <u>gut</u>	b
und schaut dem Förster auf den <u>Hut</u>.	b

Reimart: Paarreim

Gelogen

Paul Maar

Was du hier liest,	a
ist kein <u>Gedicht</u>,	b
ist endlos lang	c
und reimt sich <u>nicht</u>.	b

Reimart: (halber) Kreuzreim

Seite 31, Aufgabe 2 und 3

Paarreim:	Paarreim:
Feuer	Hai
Ungeheuer	Papagei
Berg	Aal
Zwerg	Wal

Kreuzreim:	Kreuzreim:
Feuer	Hai
Berg	Aal
Ungeheuer	Papagei
Zwerg	Wal

Umarmender Reim:	Umarmender Reim:
Feuer	Hai
Berg	Aal
Zwerg	Wal
Ungeheuer	Papagei

Seite 32, Aufgabe 1

Der erste Vers besteht aus 5 Silben.
Der zweite Vers besteht aus 7 Silben.
Der dritte Vers besteht aus 5 Silben.

Seite 32, Aufgabe 2

Das Haiku ist ein kurzes, japanisches Gedicht.
Es besteht aus 3 Versen mit 5, 7 und 5 Silben,
also insgesamt nur 17 Silben.

Seite 32, Aufgabe 3

b) Endlich kann ich wieder draußen spielen und Freunde treffen. Meine LehrerInnen sind auch gut gelaunt. Ich fühle mich viel fitter.

c) Sonne wärmt mich auf.
   Vögel zwitschern und brüten.
   Die Natur blüht auf.

d) Weiß glitzert die Welt.
   Schneeengel machen gefällt.
   Winter, ich mag dich.

Seite 33, Aufgabe 1

Kleine Turnübung

Hans Adolf Halbey

Aufgezwackt | und hingemotzt ||
angezickt | und abgestotzt ||
jetzt | die Kipfe auf die Bliesen ↗

langsam butzen, tapfen, schniesen ||

dreimal schwupf dich ↗|
knitz   dich |
lüpf ↗ ||

siehstewohll || – da flatzt der Büpf

Seite 33, Aufgabe 2

- deutliche Sprechpausen machen
- die Lautstärke verändern: plötzlich laut oder leise sprechen
- das Sprechtempo ändern: schneller oder ganz langsam sprechen

Seite 33, Aufgabe 4

- drohend/schimpfend: laut, schnell, abgehackt, stellenweise lauter werdend
- spöttisch: Stimme am Ende von Wörtern/Sätzen fragend heben, Wörter/Sätze betont sprechen, deutliche Pausen nach Wörtern/Sätzen machen
- leidend: jaulend (mit vielen Tonunterschieden) sprechen, eher langsam sprechen, auf einem Ton sprechen, monoton sprechen, fast flüsternd, ganz leise und abgehackt sprechen

Seite 34, Aufgabe 1
Individuelle Lösung

Seite 34, Aufgabe 3
Leas größer Wunsch ist ein Hund.

Seite 34, Aufgabe 4
Folgende Textstellen werden markiert:
– keinen Platz für einen Hundekorb / Hunde machen Arbeit. / Sie brauchen Futter. / Man muss sie jeden Tag spazieren führen, auch bei Regen und Schnee.
– Einen Hund kann man nicht überall mit hinnehmen. / Wenn wir nicht zu Hause sind, muss er in eine Hunde-Pension. Vielleicht mag er das nicht, außerdem ist das teuer.

Seite 34, Aufgabe 5
Das Schild wird mit „Tierheim" beschriftet.

Seite 35, Aufgabe 6
Anzukreuzende Tiere: Hund, Katze, Meerschweinchen, Kaninchen

Seite 35, Aufgabe 7
Der Hund heißt Axi und ist ein Schnauzer. Er ist noch jung, klein und struppig und hat ein lustiges Gesicht.

Seite 35, Aufgabe 8
Mögliche Lösung: „Axi würde bestimmt auch lieber frei herumtoben."

Seite 36, Aufgabe 9
Ihr Vater fragt Lea, wohin sie geht und begleitet sie.

Seite 36, Aufgabe 10
Anzukreuzende Sätze: Axi rennt so schnell, dass Leas Vater außer Atem ist. / Axi springt an Lea und ihrem Vater hoch. / Axi und Leas Vater mögen sich.

Seite 36, Aufgabe 11
„Du kannst den Axi immer spazieren führen." (Z. 132)

Seite 37, Aufgabe 12
Als zwei fremde Menschen Axi mitnehmen wollen, rennt Lea mit Axi nach Hause und ist sehr traurig. Ihre Mutter erlaubt ihr daraufhin, Axi zu behalten.

Seite 37, Aufgabe 13 bis 15
Individuelle Lösung

Seite 38, Aufgabe 16
Mögliche Lösung: Vor dem Tierheim steht der Wärter und winkt, als er Lea und ihre Mutter mit Axi sieht.
Wärter (erfreut): Ach, Lea, zum Glück bist du wieder da! Ich habe mir schon Sorgen gemacht. Aber du strahlst ja richtig.
Lea: Hallo, Herr Wehrle, tut mir wirklich leid, dass ich weggerannt bin. Ich hatte einfach solche Angst, dass mir Axi weggenommen wird.
Leas Mutter (gibt ihm die Hand): Hallo, ich bin Frau Lukić, Leas Mutter. Danke, dass meine Tochter mit Axi spazieren gehen durfte. Wir haben überlegt, dass wir Axi gerne zu uns nehmen würden, wenn das noch geht.
Wärter: Aber klar! Die Herren von vorhin haben sich eh auch schon für einen anderen Hund entschieden.

Lea (strahlt): Juhu! Das wird toll! Ich werde mich sehr gut um Axi kümmern, das verspreche ich.
Wärter: Das glaube ich. Ihr beide habt euch ja von Anfang an so gut verstanden.
Leas Mutter: Können Sie uns denn noch einige Informationen zu Axi geben?
Wärter: Axi ist ein Schnauzer und zwei Jahre alt. Er ist ziemlich lebhaft, hat aber ein freundliches Wesen.
Leas Mutter: Und wie oft sollten wir mit ihm rausgehen?
Wärter: Schnauzer haben eine große Ausdauer, es ist also wichtig, dass man lange Spaziergänge mit ihm macht. Eine Hundesportschule wäre auch eine Möglichkeit.
Lea: Auja, darauf hätte ich auch große Lust!
Leas Mutter (lachend): Okay, das schauen wir mal.
Wärter: Ansonsten ist noch wichtig, ihn regelmäßig zu kämmen, damit Schmutz entfernt wird und sich das Haar nicht verfilzt. Ich kann Ihnen auch eine Packung des Futters mitgeben, das wir ihm gegeben haben.
Leas Mutter: Ja danke, das wäre nett.
Lea: Vielen Dank, Herr Wehrle! Axi und ich kommen Sie ganz bestimmt oft besuchen.
Axi bellt.

Seite 38, Aufgabe 17
Balingen, den 21.10.2022
Hallo Herr Wehrle,
ich habe Ihnen ja versprochen, Ihnen zu schreiben, wie es mit Axi läuft. Und ich muss sagen: Es ist einfach so toll, einen Hund zu haben und vor allem so einen wie Axi. Wir gehen fast jeden Tag zusammen spazieren, nur wenn ich viel für eine Arbeit lernen muss oder krank bin, geht manchmal mein Papa. Papa und Axi sind beste Freunde geworden. Wenn Papa kocht, hebt er sogar immer etwas für Axi auf. Wie ist es denn bei Ihnen im Tierheim? Ich war ja schon länger nicht mehr da, weil wir meistens eine andere Route laufen, auf der wir viele andere Hunde treffen. Haben Sie neue Tiere bekommen, vielleicht endlich mal einen Papagei?
Meine Eltern haben mir endlich erlaubt, mit Axi eine Hundesportschule zu besuchen. Kennen Sie denn eine Hundesportschule, die Sie empfehlen können?
Ich freue mich, wenn Sie mir antworten, und komme dann bestimmt auch mal wieder bei Ihnen vorbei, natürlich mit Axi.
Viele Grüße
Lea und Axi

Seite 39, Aufgabe 1
Individuelle Lösung

Seite 40, Aufgabe 3
Folgende Punkte können notiert werden:
– Helsin geht in die 2. Klasse.
– Sie ist klein und beweglich.
– Sie hat wild abstehende, dunkelbraune Locken und eine Spitznase.
– Sie hat winzige Ohren und schwarze, blitzende Augen, mit denen sie sehr genau sieht.
– Sie ist sehr lebhaft, hat viel Energie, bewegt sich viel und hat meistens sehr gute Laune.
– Sie hört sehr gut.
– Sie singt gerne und viel.
– Manchmal wird sie unglaublich wütend.

Seite 40, Aufgabe 4

Das bedeutet, dass Helsin sehr wütend wird und dann nichts anderes mehr spürt als ihre Wut. Was dann kommt, nennen alle den „Spinner".

Seite 40, Aufgabe 5

Mögliche Lösung: Helsin mag es nicht, dass man sich über ihren Namen lustig macht.

Seite 40, Aufgabe 6

Mögliche Lösung: Louis war bei seinem ersten Auftritt vor der Klasse aufgeregt und wollte witzig sein.

Seite 40, Aufgabe 7

Individuelle Lösung

Seite 41, Aufgabe 1

Es geht um Heuschrecken und ihre Eigenschaften.

Seite 41, Aufgabe 2

In Stichworten: Heuschrecken leben in Schwärmen, kommen in Afrika und Asien vor, sind große Grashüpfer, Heuschreckenplage, können ganze Ernten vernichten, Hungersnöte verursachen, Heuschrecken kann man essen, sie sind gesund und eiweißreich

Seite 41, Aufgabe 3

Mögliche Markierungen: Schwarm (Z. 1), große Grashüpfer (Z. 6), in Afrika und Asien zu Hause (Z. 7), zu großen Schwärmen zusammenschließen (Z. 8), „Heuschrecken-plage" (Z. 9), In großen Gruppen zu Fressorgien (Z. 12 f.), Angst und Schrecken (Z. 14), ganze Reis-, Mais- oder andere Getreidefelder (Z. 15 f.), Blätter, Früchte oder Gemüse jeglicher Art (Z. 16 f.), Hungersnöte verursachen (Z. 18), ratzekahl fressen (Z. 19), 1200 km² groß (Z. 20), aus 100 Milliarden Heuschrecken (Z. 21), fangen und zu essen (Z. 24), gesunde, eiweißreiche Kost (Z. 25)

Seite 41, Aufgabe 4 und 5

Individuelle Lösungen

Seite 42, Aufgabe 6

1. Abschnitt: Was ist eine Heuschrecke?
2. Abschnitt: Vernichtung der Ernte
3. Abschnitt: Wie groß ist ein Schwarm?
4. Abschnitt: Man kann sie essen

Seite 43, Aufgabe 7 a)

Berichtigte Sätze: 1) Heuschrecken sind eigentlich große Grashüpfer. 4) Heuschrecken können innerhalb von Minuten ganze Felder vernichten.

Seite 43, Aufgabe 7 b)

1. Abschnitt: Was ist eine Heuschrecke?
Heuschrecken sind eigentlich große Grashüpfer. Sie sind meist in Afrika und Asien zu Hause. Sie sind braun oder grün, färben sich im Schwarm rot, gelb oder schwarz-gelb. Sie können in großen Schwärmen zur „Heuschreckenplage" werden und zu Fressorgien aufbrechen.
2. Abschnitt: Vernichtung der Ernte
Heuschrecken können innerhalb von Minuten ganze Felder vernichten und fressen auch Blätter, Früchte oder Gemüse. So können Hungersnöte verursachen, wenn sie alles kahlfressen.
3. Abschnitt: Wie groß ist ein Schwarm?
Ein Heuschreckenschwarm kann über 1200 km² groß sein und aus 100 Milliarden Heuschrecken bestehen.

4. Abschnitt: Man kann sie essen
Man kann Heuschrecken essen. Sie sind gesund, eiweißreich und lecker.

Seite 44, Aufgabe 1

kurzer Stammvokal: Wasser, windig, Sand, schwitzen, Hitze, Sonne, Sommer
langer Stammvokal: Wiese, baden, Juli, spielen, Käfer, Hut, lesen

Seite 44, Aufgabe 2

Mögliche Lösungen
kurzer Stammvokal: schwimmen, Sonnenbrille, trocken, Mücken, Sonnenschirm, ...
langer Stammvokal: Bienen, Blumen, Badehose, Badean-zug, Creme, ...

Seite 44, Aufgabe 3

Infinitiv (Vokallaut kurz)	Präteritum (Vokallaut lang)	Perfekt (Vokallaut kurz)
fallen	fiel	gefallen
lassen	ließ	gelassen
essen	aß	gegessen
kommen	kam	gekommen
messen	maß	gemessen
sitzen	saß	gesessen
treffen	traf	getroffen

Seite 45, Aufgabe 1

Sommergewitter, prasselndem, Wasser, alles, überschwemmt, (überschwemmen)
Mutter, Benno, Tasse, Suppe, Butterbrot, Bett, (Betten)

Seite 45, Aufgabe 2

Sommer, Schwimmen, schnell, (schneller), Wasser, Schwimmbrille (schwimmen), Wasser, alles, kann (können), Sonne, essen, Pommes, Waffeln, Pappteller (Pappe), Tischtennis, Wasser, wollen, Himmel, Gewitterwolken, schnell (schneller), rennen

Seite 46, Aufgabe 3

- fassen, lassen, hassen, passen
- Hummer, Summer, Kummer, Nummer
- Rappe, Mappe, Kappe, Pappe
- Tanne, Wanne, Kanne, Panne
- wollen, sollen, rollen, tollen
- Mutter, Butter, Futter, Kutter

Seite 46, Aufgabe 4

Mögliche Lösungen
- rennen: rannte, gerannt, Rennstrecke, Renner
- schwimmen: Schwimmer, Schwimmbad, geschwommen, Schwimmhalle
- hoffen: Hoffnung, hoffentlich, hoffte, gehofft
- Welle: wellig, Wellenbad, Wellenmeer, gewellt
- Herr: Herren, herrschen, Herrscher, beherrscht
- Masse: massig, massenhaft, Massenartikel, Menschen-masse
- Wette: wetten, gewettet, Wettbewerb, Wettkampf

Seite 46, Aufgabe 5

Mutter, raten, Lupe, wegschnappen, Teller, bemalen, Mann, Mond, Affe, schläft, Wasser, lesen

Seite 47, Aufgabe 1

– sitzen, Vorsitz, Sitzung, sitzt, Polstersitz, Nebensitzer
– platzen, Platzpatrone, platzt, geplatzt, zerplatzt, Platzwunde
– verletzen, Verletzung, verletzt, verletzte, verletzend, verletzbar
– schwitzen, Schwitzkasten, schwitzend, verschwitzt, schwitzte, schwitzig
– gehören zu keiner Wortfamilie: wetzen, witzig

Seite 47, Aufgabe 2

– wecken, aufwecken, Wecker, geweckt
– trocknen, trocken, vertrocknet, Trockenheit
– backen, Bäcker, backt, gebacken
– wackeln, verwackeln, wackelt, wackelig
– gehören zu keiner Wortfamilie: lecker, gekleckert

Seite 48, Aufgabe 1

beinahe, ehemalige, Anziehungskraft, Aufsehers, Zehe, hohen, geschehen, wehendes, Mühe, Schuhe, nahe, gehen, Ruhe, frohe, verstehen

Seite 48, Aufgabe 2

Mögliche Lösungen

– Ruhe: ruhig, Ruhekissen, ruhen, Ruhepol
– Mühe: mühen, Mühsal, bemühen, Bemühung
– drehen: Drehung, wegdrehen, Drehpunkt, gedreht
– geschehen: geschieht, Geschehen, geschah, Geschehnis
– früh: Frühstück, früher, Frühling, Frühe

Seite 49, Aufgabe 1

Mögliche Lösungen

Wort	Verlängerung	Ableitung	Weiteres Wort der Wortfamilie
Ta**g**	Ta**g**e		Ta**g**ung
Flugzeu**g**	Flugzeu**g**e		Flugzeu**g**halle
einstie**g**	einstei**g**en		eingestie**g**en
nieman**d**	nieman**d**en		nieman**d**es
ga**b**	ga**b**en, ge**b**en		gege**b**en
beruhi**gt**e	beruhi**g**en		Beruhi**g**ung
Lan**d**	Lan**d**es	Län**d**er	län**d**lich
Wal**d**	Wal**d**es	Wäl**d**er	Wal**d**lauf
Ber**g**	Ber**g**e		Gebir**g**e
Fel**d**	Fel**d**er		Kartoffelfel**d**
Flu**g**		Flü**g**e	Flu**g**zeug
Erle**b**nis	erle**b**en		Erle**b**nispark

Seite 49, Aufgabe 2

Flugzeu**g**, einstie**g**, nieman**d**, ga**b**, beruhi**g**te, bal**d**, Lan**d**, Wal**d**, Ber**g**, Fel**d**, Flu**g**, Erle**b**nis

Seite 50, Aufgabe 1

Bäuche / Bauch, Sträucher / Strauch, träume / Traum, aufräumen / Raum, Kräuter / Kraut, läuten / Laut, betäuben / taub, Räuber / Raub, Fläche / flach, Schwäche / schwach, Fächer / Fach, Dächer / Dach, anständig / Stand, Gelände / Land, Kälte / kalt, Eltern, E

Seite 50, Aufgabe 2

abergläubisch, fällt, Häusern, ängstlich, Unfällen, Mächte, alltäglichen, hängt, verlässt, Kätzchen, läuft, nämlich, Mäusejäger, Dächern, Häusern, bedeutet, gern

Seite 51, Aufgabe 1

Wir haben uns längst daran gewöhnt, Flüsse bequem überqueren zu können. Wir laufen heute über Brücken oder nehmen eine Straßenbahn und fahren über Überführungen, die überall über die Flüsse führen. Vor 200 Jahren fehlten aber noch viele Brücken, weil der Verkehr noch nicht so stark war. Da musste man mit Fähren über den Fluss setzen. Die Leute bezahlten eine Gebühr dafür, die der Fährmann einnahm, und dann fuhr man über den Fluss. In alten Papieren wird erwähnt, dass es dabei nicht immer ganz ehrlich zuging. Von den Passagieren wurde nämlich erst während des Übersetzens das Geld verlangt – und dann oft ein Preis gefordert, von dem man vorher keine Ahnung hatte. Wenn sich einer gegen den Preis wehrte, lehnte der Fährmann es einfach ab, ihn über den Fluss zu bringen – und fuhr zurück.

Seite 51, Aufgabe 2

Mögliche Lösungen

– wohnen: Wohnung, wohnt, wohnte, gewohnt, ungewohnt, bewohnen, Wohnhaus, wohnlich, wohnhaft, Wohnort, wohnungslos, Wohnzimmer
– fahren: fährt, fuhr, befahren, gefahren, erfährt, erfuhr, Fahrer, Fahrerin, Fahrt, Fahrgemeinschaft, Fuhre, Fähre, Fahrkarte, Fahrrad
– führen: führt, führte, geführt, aufführen, aufgeführt, Führung, führungslos, Aufführung

Seite 52, Aufgabe 1

Spieß – spießen, Ruß – rußen, Buße – büßen, Meißel – meißeln, Verschleiß – verschleißen

Seite 52, Aufgabe 2

Positiv	Komparativ	Superlativ
fleißig	fleißiger	am fleißigsten
gefräßig	gefräßiger	am gefräßigsten
müßig	müßiger	am müßigsten
regelmäßig	regelmäßiger	am regelmäßigsten
spießig	spießiger	am spießigsten
groß	größer	am größten

Seite 52, Aufgabe 3

faul – fleißig, kalt – heiß, schwarz – weiß, klein – groß, sauer – süß, öffnen – verschließen, Ernst – Spaß, drinnen – draußen, verabschieden – begrüßen

Seite 53, Aufgabe 4

fleißige Bienen, kalte Füße, die Blumen gießen, ein Eis genießen, regelmäßige Übungen, die Trinkflasche verschließen, den Müll wegschmeißen, das Blatt zerreißen

Seite 53, Aufgabe 5

Infinitiv	3. Pers. Singular Präteritum	3. Pers. Singular Perfekt
beschließen	er beschloss	er hat beschlossen
gießen	er goss	er hat gegossen
genießen	er genoss	er hat genossen
schmeißen	sie schmiss	sie hat geschmissen
sprießen	sie spross	sie ist gesprossen
zerreißen	sie zerriss	sie hat zerrissen

Seite 53, Aufgabe 6

– schließen, schließt, Schloss, verschlossen
– wissen, wusste, gewusst, ich weiß
– fressen, ausfressen, Fraß, frisst
– lassen, gelassen, ließ, verlässt
– vergessen, unvergesslich, vergaß, vergisst

Seite 54, Aufgabe 1

eine Gruppe, einen Weg, die Bewegungen,

die Erwachsenen, den Kopf, einen Sport, das Reiten,

ein Steckenpferd, die Kinder, einen Sprung, ein Hindernis,

das Üben, den Sprung, den Parkbesuchern, ein Ehepaar,

die Frau, ein Spielzeug,

Seite 54, Aufgabe 2

eine Gruppe, die Bewegungen, die Erwachsenen,

einen anstrengenden Sport, ein Reiten

Seite 54, Aufgabe 3

ein richtiges Springpferd, ein Steckenpferd,

die mutigsten Kinder, einen Sprung, ein Hindernis,

das viele Üben, den Sprung, den Parkbesuchern,

ein älteres Ehepaar, die selbst gebauten Steckenpferde,

die Frau, das Steckenpferd, ein beliebtes Spielzeug

Seite 55, Aufgabe 4

ihr Pferd, seinen Platz, ihrem Zimmer, dieses Pferd,

kein Futter, ihr Pferd, solche Steckenpferde, ihr Pferdchen,

ihre Mutter, seine Ohren

Seite 55, Aufgabe 5

seine Mähne, einige bunte Perlen, allen Steckenpferden,

ihre Größe, seiner Rinde, ihren alten Gürtel, ihr Pferd

Seite 56, Aufgabe 1

die Meisterschaft, die Kindheit, die Ausstellung,

die Aufregung, das Hindernis, die Bewegung, die Übung,

die Abwechslung, die Aufmerksamkeit, die Möglichkeit,

die Schwierigkeit, die Heiterkeit, die Sicherheit

Seite 56, Aufgabe 2

Meisterschaft, Ausstellung, Aufregung, Aufmerksamkeit,
Möglichkeiten, Hindernisse, Bewegung, Übungen,
Schwierigkeit, Abwechslung, Heiterkeit, Kindheit,
Sicherheit

Seite 57, Aufgabe 1

Emma müsste unbedingt ihr Zimmer aufräumen. Es
sieht nämlich ziemlich chaotisch aus.
Die Mutter hat sie schon ermahnt. Richtig Lust hat
Emma dazu aber nicht.
Heute muss sie es aber tun. Um diese Aufgabe kommt
sie nicht mehr herum.

Seite 57, Aufgabe 2

Es liegt alles durcheinander. Auf dem Boden sind einige
Klamotten ausgebreitet. Auf dem Tisch steht der neue
Laptop. Unter dem Bett liegen die Socken und Schuhe.
Auf dem Fensterbrett steht eine Blume in einem Topf.
Man müsste sie wieder einmal gießen.

Seite 57, Aufgabe 3

Alles liegt heillos durcheinander. In diesem Zimmer
findet man nichts mehr. Auf dem Bett liegen Hefte und
Bücher. Unter dem Bett hat sich Staub verteilt. Auf dem
Tisch stapeln sich Spielsachen. Im Regal liegen die
Mappen alle durcheinander. Auf dem Fensterbrett steht
ein Blumentopf. Die Blume ist fast vertrocknet. Man
müsste sie unbedingt wieder einmal gießen.

Seite 58, Aufgabe 1

Lies das Buch! / Hilf mir bitte! / Sprich mit mir! / Nimm
bitte den Müll mit! / Gib mein Heft zurück!

Seite 58, Aufgabe 2

Situation	Satz
Befehl für einen Hund	Sitz!
Warnung vor Gefahren	Vorsicht, heiß!
ungeduldiges Warten	Nun komm schon!
Lob	Gut gemacht!

Seite 58, Aufgabe 3

Aus! – Befehl für einen Hund / Bei Fuß! – Befehl für einen
Hund / Iss langsam! – Aufforderung für einen Menschen /
Na toll! – Enttäuschung, Missmut / Super! – Lob / Super
günstig! Super gut! – Werbung / Vorsicht, Glas! Warnung /
Warte doch mal! – ungeduldiger Ruf

Seite 59, Aufgabe 1

Mögliche Lösung

– Was machst du heute Nachmittag?
  Das weiß ich noch nicht.
– Kommst du mit ins Kino? Ja. / Nein.
– Welcher Film kommt denn? Das Blubbern von Glück.
– Ist der gut? Ich weiß nicht. / Er soll gut sein.
– Wann beginnt die Vorstellung? Sie beginnt um 15 Uhr.
– Treffen wir uns dann vor dem Kino? Ja. / Nein.

Seite 59, Aufgabe 2

Entscheidungsfragen	W-Fragesatz
Kommst du mit ins Kino?	Was machst du heute Nachmittag?
Ist der gut?	Welcher Film kommt denn?
Treffen wir uns dann vor dem Kino?	Wann beginnt die Vorstellung?

Seite 59, Aufgabe 3

Mögliche Lösung

Die unentschlossene Schnecke

nach Christian Morgenstern

Soll ich aus meim Hause raus?
                    Nein, ich geh lieber nicht raus./!
Soll ich aus meim Hause nicht raus?   Geh ich raus?
Geh ich einen Schritt raus?   Geh ich nicht raus?
Geh ich lieber nicht raus?
                    Die Schnecke denkt lange nach.
Doch, ich geh raus./!
            Schließlich verschiebt sie ihre Entscheidung auf den
                                        nächsten Tag.

Seite 60, Aufgabe 1

Drin und Arila besuchen ihren früheren Grundschullehrer.
Sie sagen: „Guten Tag, Herr Maier."
Herr Maier antwortet: „Hallo, ihr zwei. Ihr habt wohl Sehnsucht nach der Grundschule."
Drin und Arila sagen: „Naja, ein bisschen. Aber an der neuen Schule ist es auch toll."

Seite 60, Aufgabe 2

Herr Maier stellt fest: „Ihr geht also gern in die Schule."
Arila erzählt: „Am Anfang war es schon schwierig. Die Schule ist viel größer und hat viele Zimmer."
Drin ergänzt: „Und es gibt sehr viele Schülerinnen und Schüler und viele Lehrerinnen und Lehrer."
Arila sagt: „Aber jetzt haben wir uns daran gewöhnt. Wir brauchen nicht mehr zu fragen, wenn wir ein Zimmer suchen."
Herr Maier fragt: „Und kommt ihr gut im Unterricht mit?"
Drin meint: „Viele Fächer hatten wir auch in der Grundschule. Aber es sind ein paar neue hinzugekommen."

Seite 60, Aufgabe 3

Arila und Drin besuchen ihren früheren Grundschullehrer und erzählen von der neuen Schule.
Herr Maier fragt: „Habt ihr auch neue Fächer in der 5. Klasse?"
Arila berichtet: „O ja. Wir haben BNT, Geschichte, Geografie und Medienkunde."
Herr Maier fragt weiter: „Und welche Fächer gefallen euch am besten?"
Drin erzählt: „Mir gefällt besonders Medienbildung. Dort lernen wir viele neue Dinge am Computer."
Arila erklärt: „Und ich mag Musik am meisten. Da können wir wählen zwischen Rhythmus, Chor, Gitarre oder Flöte." Drin fügt an: „Vielleicht können Sie am Tag der offenen Tür mal in die Schule kommen. Da können wir Ihnen alles zeigen." Herr Maier antwortet: „Diese Einladung nehme ich gern an. Am besten bringe ich die Mädchen und Jungen meiner vierte Klasse mit."

Seite 61, Aufgabe 4

Arila und Drin erzählen von den neuen Fächern.
„In den letzten Wochen haben wir ein tolles Projekt gehabt", berichtet Drin.
„Ja, da haben wir in Deutsch eine Geschichte geschrieben", ergänzt Arila.
„Und in BK hat jeder zu seiner Geschichte Bilder gemalt", fällt Drin ihr ins Wort.
„Dann haben wir die Geschichte am Computer abgeschrieben", sagt Drin.
„Außerdem haben wir die Bilder fotografiert und im Computer abgespeichert", berichtet Arila.
„Zum Schluss haben wir die Texte und die Bilder zu einem Buch zusammengestellt", erzählt Drin.

Seite 61, Aufgabe 5

„Wie viele Stunden habt ihr dafür gebraucht?", fragt ein Mädchen.
„Das hat gar nicht so lange gedauert, weil wir in Deutsch, BK und Medienbildung daran gearbeitet haben", antwortet Drin.
„So etwas möchte ich auch mal machen", ruft ein Mädchen.

„Das könnt ihr sicher, wenn ihr in der 5. Klasse zu uns kommt", sagt Arila.

Seite 61, Aufgabe 6

„Habt ihr viele Fächer?", fragt ein Mädchen. „Insgesamt sind es 11", antwortet Arila. „Da habt ihr bestimmt auch viele Bücher und Hefte in der Schultasche", stellt ein Junge fest. „Das stimmt. Aber ganz so schlimm ist es nicht. Die Bücher bleiben in der Schule", gibt Drin Auskunft. „Und wie macht ihr dann eure Hausaufgaben?", fragt ein anderer. „In unserer Klasse haben alle ein Tablet. Auf dem haben wir die Bücher elektronisch gespeichert", teilt Drin mit. „Oh, meine Eltern können mir aber kein Tablet kaufen", sagt ein Mädchen. „Das macht nichts. Die Tablets gehören der Schule. Wir haben sie ausgeliehen und geben sie am Ende des Schuljahres wieder ab", erklärt Arila. „Natürlich müssen wir damit sorgsam umgehen, damit sie nicht kaputtgehen", ergänzt sie weiter.

Seite 62, Aufgabe 1

Drin führt am Tag der offenen Tür einige Viertklässler durch die Schule. Er zeigt ihnen den Stundenplan der fünften Klasse. Schaut einmal: Montags haben wir Deutsch, BK und Sport. Dienstags haben wir Deutsch, Klassenleiterstunde, Musik, BNT, Englisch und Geografie. Mittwochs haben wir Medienbildung, Mathematik, Deutsch und Musik. Donnerstags haben wir Englisch, BNT, Religion, Ethik und Sport. Freitags haben wir Mathematik, Englisch und BNT.

Seite 62, Aufgabe 2

An den schulfreien Nachmittagen können wir an der Töpfer-AG, der Schulgarten-AG, am Chor oder an Sport-AGs teilnehmen. Für die älteren Schülerinnen und Schüler gibt es zusätzlich die Lego-AG, die Schulband und die Schülerzeitung. Wir haben auch die Möglichkeit als Streitschlichter, Pausendienst oder Schülermentoren arbeiten. Für schwächere Schülerinnen und Schüler gibt es die Hausaufgabenbetreuung, Förderunterricht und Nachhilfe.

Seite 62, Aufgabe 3

Montags hat die siebte Klasse Deutsch, Musik, Französisch, Religion/Ethik.
Dienstags hat die siebte Klasse Mathematik, Geografie, Geschichte und BK.

Seite 63, Aufgabe 1
In der neuen Schule

Wir haben Deutsch. Wir haben Mathematik. Wir haben Englisch. / Wir haben Deutsch und wir haben Mathematik und wir haben Englisch. / Wir haben Deutsch, wir haben Mathematik, wir haben Englisch.
Einige wählen Flötenunterricht. Einige wählen den Chor. Einige wählen den Gitarrenunterricht. / Einige wählen Flötenunterricht und einige wählen den Chor und einige wählen den Gitarrenunterricht. / Einige wählen Flötenunterricht, einige wählen den Chor, einige wählen den Gitarrenunterricht.
Einige entscheiden sich für die Schulgarten-AG. Einige entscheiden sich für den Chor. Einige entscheiden sich für den Sport. / Einige entscheiden sich für die Schulgar-

ten-AG und einige entscheiden sich für den Chor und einige entscheiden sich für den Sport. / Einige entscheiden sich für die Schulgarten-AG, einige entscheiden sich für den Chor, einige entscheiden sich für den Sport.

Seite 63, Aufgabe 2

In Deutsch haben wir einen Text geschrieben, in BK haben wir zum Text Bilder gemalt, in Medienkunde haben wir ein Buch daraus gemacht.

Nachmittags kann man in die Hausaufgabenbetreuung gehen, man kann eine Arbeitsgemeinschaft besuchen, man kann einfach nach Hause gehen.

Sein Essen kann man von zu Hause mitbringen, man kann sein Essen beim Bäcker kaufen, man kann sein Essen in der Mensa holen.

Seite 64, Aufgabe 1
Das ist Miriam

Seit einigen Jahren betreibt sie die Sportart Triathlon, **weil** sie gern schwimmt, läuft und Rad fährt.

Sie begann mit dem Training, **als** sie acht Jahre alt war. Ihren ersten Wettkampf gewann sie, **als** sie neun Jahre alt war.

Dieser Wettkampf war so aufregend, **dass** sie ihn nicht vergisst.

Zuerst musste sie 100 Meter schwimmen, **weil** das die erste Sportart in diesem Wettbewerb ist.

Danach fuhr sie 2,5 Kilometer Rad, **sodass** sie ganz außer Atem war.

Und dann lief sie noch 400 Meter so schnell, **dass** sie als Erste im Ziel ankam.

Seite 64, Aufgabe 2

Miriam trainiert drei Sportarten, **weil** sie sich nicht für eine entscheiden kann. Sie fragt sich, **ob** man alle drei Sportarten in einer machen kann. Mithilfe des Internets findet sie heraus, **dass** man beim Triathlon schwimmt, läuft und Rad fährt. Dort entdeckt sie auch, **dass** es im Nachbarort einen Trainingsgruppe gibt. Im Verein lernt sie andere Mädchen und Jungen kennen, **während** sie sich dort vorstellt. Seitdem trainiert sie täglich, **sodass** sie nun auch an Wettkämpfen teilnehmen kann. Miriam musste das schnelle Aus- und Anziehen lernen, **weil** sie beim Wettkampf auch die Kleidung wechseln muss.

Seite 64, Aufgabe 3

Triathlon ist eine vielseitige Sportart, **weil/da** man dort schwimmt, läuft und Rad fährt. Miriam trainiert seit einigen Jahren regelmäßig, **sodass** sie auch bei Wettkämpfen erfolgreich ist. Bei ihren ersten Wettbewerben hat sie erfahren, **dass** man sich auch schnell umziehen können muss. Vor dem Wettbewerb prüft sie deshalb, **ob** an ihrem Umkleideplatz ihre Sachen in der richtigen Reihenfolge liegen. Bei ihrem ersten Wettkampf zog sie sich noch an, **während/als** die anderen Teilnehmenden schon auf ihr Rad stiegen.

Seite 65, Aufgabe 4

Miriam begann mit dem Training, **als** sie acht Jahre alt war.

Als sie acht Jahre alt **war, begann** Miriam mit dem Training.

Ihren ersten Wettkampf vergisst sie nicht, **weil** er so aufregend war.

Weil er so aufregend **war, vergisst** sie ihren ersten Wettkampf nicht.

Bei Wettkämpfen zeigt sich, **ob** sie genügend geübt hat.

Ob sie genügend geübt **hat, zeigt** sich bei Wettkämpfen.

Dafür trainiert sie täglich, **während** die anderen aus ihrer Klasse Freizeit haben.

Während die anderen aus ihrer Klasse Freizeit **haben, trainiert** sie täglich.

Seite 65, Aufgabe 5

Weil sie beim Laufen noch schneller werden **möchte, nimmt** Miriam an vielen Laufwettbewerben teil.

Weil sie im Schwimmen nicht so gut **ist, braucht** sie bessere Laufzeiten.

Dass sie in den letzten Monaten besser geworden **ist, hat** sich auch beim Radfahren gezeigt.

Während sie mit dem Rad losfährt, schlüpft sie noch in die Radschuhe.

Ob sie einige Sekunden einsparen **kann, probiert** Miriam auch beim Wechsel von den Radschuhen in die Laufschuhe.

Seite 66, Aufgabe 1

sagen, Satz, schicken, Schiff, Schilf, Sorte, Spaß, Spritze, Stift, Szene

Seite 66, Aufgabe 2
Mögliche Lösung
- Ho: Hobby, Hobel
- in: in, indem, indes, indirekt
- Sch: Schabernack, Schablone, Schacht
- sch: schaben, schäbig, schade
- To: Toast, Tochter, Tod
- ver: verabreden, verachten, verabscheuen
- U: Ufer, Ufo, Uhr
- un: unabänderlich, unachtsam, unangebracht
- St: Staat, Stab, Stachel
- be: beachten, beanspruchen, bedeuten

Seite 66, Aufgabe 3
Mögliche Lösung
- Qu: Quacksalber, Quaddel, Quader
- Ch: Chalet, Chamäleon, Champagner
- X: Xenon, Xylem, Xylofon
- Sw: Swimmingpool, Swing
- C: Caddie, Café, Camcorder
- Th: Thai, Theater, Theke
- Y: Yamswurzel, Yankee, Yard
- Rh: Rhabarber, Rhein, Rhesusfaktor
- V: Vagabund, Vakuum, Valuta
- Sz: Szene

Seite 67, Aufgabe 1 und 2
Individuelle Lösungen

Seite 68, Aufgabe 1
Individuelle Lösungen zu Seitenangaben
kompliziert, aggressiv, Kaninchen, Magnet, Präteritum, Diktat, wachsen, Reißleine, Kefir

Seite 68, Aufgabe 2
Individuelle Lösungen zu Seitenangaben
- die Ärmel, das Elfenbein, der Äquator
- das Theater, das Thema, die Toilette

- das Euter, äußerlich, die Eule
- der Charakter, die Karawane, der Caravan
- der Clown, der Cousin, die Cousine/Kusine
- krabbeln, glitzern, klitzeklein

Seite 69, Aufgabe 1
Mira fährt mit ihren <u>Freunden</u> zum <u>Badesee</u>. Von der <u>Bushaltestelle</u> müssen sie nur fünf <u>Minuten</u> laufen, dann ist der <u>See</u> schon zu sehen. Sie suchen sich einen <u>Platz</u> unter einem <u>Baum</u>. Dort haben sie <u>Schatten</u>, wenn die <u>Sonne</u> brennt. Weil noch nicht so viel los ist, leihen sie sich ein <u>Tretboot</u> aus und fahren auf den <u>See</u> hinaus. Dort hört sie niemand. Sie singen laut die aktuellsten <u>Hits</u> und bewegen sich dazu im <u>Takt</u> der <u>Musik</u>. Ein bisschen stören zwar die <u>Schwimmwesten</u>, aber sie haben trotzdem <u>Spaß</u>. Am <u>Ufer</u> steht ein <u>Angler</u>. Er hebt die <u>Hand</u> und winkt ihnen zu. Ob ihn der <u>Lärm</u> stört?

Seite 69, Aufgabe 2
Nomen für Gegenstände, Lebewesen, Zählbares: die Freunde, der Badesee, die Bushaltestelle, der See, der Platz, der Baum, die Sonne, das Tretboot, der See, die Schwimmwesten, das Ufer, der Angler, die Hand
Nomen für Gefühle, Ideen, Unzählbares: die Minuten, der Schatten, die Hits, der Takt, die Musik, der Spaß, der Lärm

Seite 70, Aufgabe 1
die Höfe, die Ohren, die Mäntel, die Netze, die Stühle, die Opas

Seite 70, Aufgabe 2

Singular	Plural			
	Umlaut	Suffix	Umlaut und Suffix	Ohne Veränderung
der Wald			die Wälder	
das Lied		die Lieder		
das Wort		die Worte	die Wörter	
die Tür		die Türen		
die Feder		die Federn		
die Oma		die Omas		
der Garten	die Gärten			
der Schüler				die Schüler
das Wunder				die Wunder

Seite 71, Aufgabe 1
a) Mira sieht **die** zwei **Jungen** im Wasser.

b) Sie sieht **den** zwei **Jungen** beim Tauchen zu.

c) Miras Blick folgt **einem Vogel**.

d) Sie beobachtet **den Vogel** eine Weile.

e) Mira winkt **einem Angler**.

f) Sie kennt **den Angler** schon eine Weile.

Seite 71, Aufgabe 2
a) Nach dem Schwimmen legen sie **ihre Handtücher** in die Sonne.
b) Dort packen sie **das reichliche Picknick** aus.
c) Sie geben **einem neugierigen Spatzen** ein paar Krümel.
d) Das lockt noch **einige weitere Vögel** an.
e) Die Kinder sehen **den hungrigen Piepmätzen** zu.

Seite 71, Aufgabe 3
a) Am See gibt es auch **einen neuen Minigolfplatz**.

b) Eine Frau erklärt **den neugierigen Kindern das abwechslungsreiche Spiel**.

c) Sie bekommen **einen kleinen Spielplan**, auf dem sie **die erreichten Punkte** eintragen.

d) Sie entnehmen **einem großen Korb die Golfschläger** und los geht's.

Seite 72, Aufgabe 1

Maskulinum (der)	Femininum (die)	Neutrum (das)
der Ball	die Bank	das Geheimnis
der Bus	die Blume	das Gesicht
der Durst	die Liebe	das Gras
der Fluss	die Nacht	das Haus
der Mund	die Pause	das Lied
der Stein	die Reihe	das Lob
der Tag	die Stadt	das Obst
der Urlaub	die Straße	das Ohr
der Witz	die Wiese	das Paar

Seite 72, Aufgabe 2

Maskulinum (der)	Femininum (die)	Neutrum (das)
der Häuptling	die Dummheit	das Brötchen
der Lehrling	die Landschaft	das Häuslein
der Liebling	die Ortschaft	das Kindchen
der Schädling	die Rechnung	das Mäuslein

Seite 73, Aufgabe 1
Unwetter über dem See
Karim steht am Fenster in <u>seinem</u> Zimmer und schaut auf <u>den</u> See hinaus. <u>Ein</u> Gewitter zieht heran. <u>Die</u> ersten Blitze sind über <u>dem</u> See zu sehen. <u>Einige</u> aufgeregte Vögel suchen Schutz in <u>ihren</u> Nestern. <u>Kein</u> Mensch ist draußen zu sehen. Sie sitzen in <u>den</u> nahe gelegenen Cafés und trinken bei <u>diesem</u> ungemütlichen Wetter <u>einen</u> heißen Tee. <u>Der</u> stürmische Wind treibt <u>die</u> Wellen gegen <u>die</u> Hafenmauer. <u>Einigen</u> Wellen gelingt es, <u>das</u> Wasser bis auf <u>die</u> Uferstraße zu spülen. Nach <u>einem</u> letzten Blitz und <u>einem</u> kräftigen Donnerschlag hört <u>der</u> ganze Spuk plötzlich auf.

Seite 73, Aufgabe 2
Franzi steht an <u>ihrem</u> Fenster und schaut <u>dem</u> Regen zu. Zuerst fallen nur <u>einige</u> Tropfen auf <u>die</u> trockenen Wege. Doch aus <u>diesen</u> wenigen Tropfen werden immer mehr, bis es stark regnet. <u>Eine</u> Frau sucht Schutz unter <u>einem</u> Dach. Andere haben <u>ihre</u> bunten Schirme aufgespannt und laufen weiter. Genauso schnell wie <u>der</u> Regenguss

gekommen ist, verschwindet er auch wieder. Der Wind hat die grauen Wolken weggepustet.

Seite 73, Aufgabe 3

David sieht auf den See hinaus. Einige/Die dunklen Gewitterwolken kommen immer näher. Das Donnergrollen wird lauter und lauter. Einige grelle Blitze tauchen den Himmel in ein seltsames Licht. Vor den Blitzen hat er ein bisschen Angst. Im Hafen schaukeln die Schiffe wild hin und her. Einige besonders hohe Wellen spritzen ihr/das Wasser bis in den Strandpark. Nach einer Weile lässt der Sturm nach und die ersten Sonnenstrahlen wagen sich hinter den Wolken hervor. Ein Hund schüttelt sein nasses Fell, sodass die/einige Tropfen fliegen. Er hatte sich wohl unter einem Strauch versteckt.

Seite 74, Aufgabe 1
Im Kletterpark

Die Klasse macht einen Ausflug in den Kletterpark. Ein Betreuer gibt jedem Kind einen Helm und einen Klettergurt. Er zeigt den Kindern, wie der Gurt angezogen werden muss, damit er beim Klettern nicht stört und die Kinder trotzdem gut gesichert sind. Der Betreuer kontrolliert, ob die Helme und Gurte richtig sitzen und dann gehen sie zu den Kletterstationen. Zuerst steigen sie über ein wackliges Netz auf eine Plattform. Die Plattform ist der Ausgangspunkt für die verschiedenen Kletterwege. Dort müssen sie den Klettergurt in ein Sicherungsseil einhaken. Dann teilen sich die Kinder auf.
Sarah, Jana, Julius und Jonas gehen über eine Hängebrücke zur nächsten Plattform. Die Hängebrücke schaukelt hin und her und die Jungen schaukeln noch zusätzlich. Sarah lacht ganz laut, damit die anderen nicht merken, dass sie ein bisschen Angst hat. Von einer Plattform zur nächsten ist ein Seil gespannt. Auf dem Seil müssen sie balancieren. Sie können sich nur an einem weiteren Seil festhalten. Puh, das ist ganz schön anstrengend. Dann klettern sie eine Hängeleiter hinauf zu einer Station mit Wackelbalken. Die einzelnen Balken sind an Ketten befestigt und bewegen sich. Jonas geht als Erster vorsichtig von einem Balken zum nächsten. Dann folgen der Reihe nach die andern. Die letzte Station ist eine Seilrutsche. Jana setzt sich auf das Sitzpolster und saust schnell wie der Wind zum Waldboden. Das kribbelt ein bisschen im Bauch

Seite 75, Aufgabe 1

a) Einige Kinder stehen in der Aula. Die Kinder Sie sehen sich ein Bild an.
b) Auf dem Bild sieht man ein seltsames Strichmännchen. Das Strichmännchen Es steht auf einem Trampolin.
c) Eine Lehrkraft fotografiert mit einem Tablet die Figur. Auf dem Tablet ihm springt die Figur sie hoch und runter.
d) Einige Kinder konnten von hinten nicht gut sehen. Die Lehrkraft gibt den Kindern ihnen die Erlaubnis, das eigene Smartphone zu benutzen.

Seite 75, Aufgabe 2

Vor den neuen Bildern im Flur der Schule stehen viele Kinder mit einer Lehrkraft. Die Kinder Sie haben ihre Tablets in der Hand, auf die die Kinder sie eine App laden. Mit dieser App können die Kinder sie die Bilder bewegen. Laura hält ihr Tablet vor das Bild mit einem Skateboardfahrer. Und siehe da: Der Skateboardfahrer Er fährt die Halfpipe hin und her. Eine andere Figur steht auf einem Trampolin. Die Figur Sie springt auf dem Trampolin ihm hoch und runter. Besonders witzig findet Laura ein anderes Bild. Das Bild Es zeigt ein Virus. Eine Figur boxt das Virus es so, dass das Virus es in tausend Stücke zerspringt.
Lauras Freundin hat sich die Bilder auf der anderen Seite des Ganges angesehen. Wenn Tabea die Bilder mit ihrem Tablet scannt, erzählen die Bilder sie kleine Geschichten.
Diese Bilder sind ein Projekt von Mädchen und Jungen einer 6. Klasse. Die Mädchen und Jungen Sie haben in BK die Bilder gezeichnet. Dann haben die Mädchen und Jungen sie die Bilder sie in Medienkunde eingescannt und in die App geladen. So können sich alle an den Bildern ihnen erfreuen.

Seite 76, Aufgabe 1
Im Affenhaus

Neugierig betrachtet ein großes Männchen die Zoobesucher. *(betrachten)*
Als Lilli ihre Hand an die Glaswand hält, *(halten)*
legt der Affe auf der anderen Seite seine Hand darauf. *(darauflegen)*
Lilli strahlt. Ihr Herz pocht vor Freude ganz laut. *(strahlen, pochen)*
Als Leon es auch probiert, tippt sich der Affe an den Kopf. *(probieren, tippen)*
Alle lachen. Aber Leon findet das nicht lustig. *(lachen, finden)*
Dann sehen sie, wie ein Affe eine Banane frisst *(sehen, fressen)*
und schon nach der nächsten greift. *(greifen)*
Ein alter Affe deckt sich mit einem großen Blatt zu. *(zudecken)*
Ganz aufgeregt gehen die Kinder zum Tropenhaus. *(gehen)*

Seite 76, Aufgabe 2
Mögliche Lösung
Der Hahn kräht. Ich streichle das Kaninchen. Dann füttere ich das Pony. Das Zicklein springt munter umher. Die Ziege meckert.

Seite 77, Aufgabe 1

Verben im Infinitiv	Verben im Präteritum	Verben im Partizip II
spielen	Wir spielten.	Wir haben gespielt.
finden	Er fand einen Euro.	Er hat einen Euro gefunden.
ziehen	Sie zog ihren Schlitten.	Sie hat ihren Schlitten gezogen.
pfeifen	Ahmad pfiff ein Lied.	Ahmad hat ein Lied gepfiffen.
kochen	Wir kochten zusammen.	Wir haben zusammen gekocht.

sinken	Das Schiff sank.	Das Schiff ist gesunken.
verlieren	Ich verlor den Schlüssel.	Ich habe den Schlüssel verloren.
kaufen	Sie kaufte Hefte.	Sie haben Hefte gekauft.
binden	Ben band Schleifen.	Ben hat Schleifen gebunden.

Seite 77, Aufgabe 2

- starke Verben: finden, ziehen, pfeifen, sinken, verlieren, binden
- schwache Verben: spielen, kochen, kaufen

Seite 78, Aufgabe 1 und 2

Text 1 *c) Maxim erzählt seinem Freund am Handy, was gerade geschieht.*
Hey, ich fahre gerade mit meinen Eltern zum Badesee. Wir rollen mit dem Auto so dahin. Huch, meine Mutter bremst plötzlich. Vor uns ist ein Stau. Jetzt halten wir an. Von hinten kommt ein Abschleppwagen. Endlich ist die Straße wieder frei. Hoffentlich passiert jetzt nichts mehr.
Text 2 *a) Maxim berichtet am Abend seinem Freund, was erlebt hat.*
Gestern bin ich mit meinen Eltern zum Badesee gefahren. Wir sind mit dem Auto so dahingerollt. Plötzlich hat meine Mutter gebremst. Vor uns ist ein Stau gewesen. Wir haben also angehalten. Von hinten ist ein Abschleppwagen gekommen. Nach eineinhalb Stunden ist die Straße wieder frei gewesen. Den restlichen Tag ist nichts mehr passiert.
Text 3 *b) Maxim schreibt in sein Tagebuch.*
Gestern fuhr ich mit meinen Eltern zum Badesee. Wir rollten mit dem Auto so dahin. Plötzlich bremste meine Mutter. Vor uns war ein Stau. Wir hielten also an. Von hinten kam ein Abschleppwagen. Nach eineinhalb Stunden war die Straße wieder frei. Den restlichen Tag passierte nichts mehr.

Seite 78, Aufgabe 3

- Präsens: fahren, rollen dahin, bremst, ist, halten an, kommt, ist, passiert
- Präteritum: fuhr, rollten dahin, bremste, war, hielten an, kam, war, passierte
- Perfekt: sind gefahren, sind dahingerollt, hat gebremst, ist gewesen, haben angehalten, ist gekommen, ist gewesen, ist passiert

Seite 79, Aufgabe 1

Klassenausflug in den Dinopark
Am letzten Freitag besuchten wir den Dino-Park. Eine Frau erklärte uns zuerst alles. Ihr Vortrag dauerte ziemlich lange und manche langweilten sich dabei. Ich fand das Gesagte aber interessant. Nach dem Vortrag sahen wir uns die Plastikriesen an. Ich fühlte mich dabei ein bisschen seltsam. Ihre Schnauzen sahen ja auch wirklich furchterregend aus. Wir konnten sogar in ihre Mäuler hineingreifen. Dieser Ausflug gefiel uns allen sehr gut. Zu Hause erzählte ich meinen Eltern ausführlich vom Park.

Seite 79, Aufgabe 2

Präteritum	Perfekt	Infinitiv
besuchten	haben besucht	besuchen
erklärte	hat erklärt	erklären

Präteritum	Perfekt	Infinitiv
dauerte	hat gedauert	dauern
langweilten	haben gelangweilt	langweilen
fand	habe gefunden	finden
sahen an	haben angesehen	ansehen
fühlte	habe gefühlt	fühlen
sahen aus	haben ausgesehen	aussehen
konnten	haben gekonnt	können
gefiel	hat gefallen	gefallen
erzählte	habe erzählt	erzählen

Seite 80, Aufgabe 1

Mein Lieblingsplatz in der Backstube
Ich glaube, ich habe den verrücktesten Lieblingsplatz auf der Welt. Wir wohnen nämlich in einem alten Bäckerhaus. Da gab es einmal eine kleine Backstube zum Brotbacken. In dieser Backstube liegt heute noch der große Backtrog, in dem mein Großvater den frischen Teig zubereitet hat. Dieser Backtrog ist so riesig, dass ich mich bequem hineinlegen kann. Aus dem Trog habe ich die staubigen Mehlreste rausgewischt. Dann habe ich eine Wolldecke hineingelegt und ein weiches Kissen. Dort ist es so kuschelig, dass ich darin träumen kann.

Seite 80, Aufgabe 2

Manchmal gucke ich aus dem großen Fenster raus. Die Scheiben sind noch dreckig vom weißen Mehl. Wenn Leute vorbeikommen, sehen sie wie schwarze Schatten aus. Dann denke ich, es sind gruselige Gespenster. Die können mir aber nichts tun, weil ich für sie unsichtbar bin. Jedenfalls ist es in meinem Backtrog so gemütlich, dass ich gern darin liege. Ist das nicht der verrückteste Lieblingsplatz auf der Welt?

Seite 81, Aufgabe 1

Im Garten
Adelina liegt in der warmen Sonne (D) und schaut die riesige Tanne (A) an. Sie beobachtet einen kleinen Käfer (A), der den alten Stamm (A) hochkrabbelt. Flinke Ameisen (N) schleppen auf ihrem Rücken winzige Blatteile (A). Sie hört das laute Rufen (A) von einem großen Vogel (D). Er kreist über ihr am blauen Himmel (D). In den dichten Ästen (D) haben Singvögel kuschelige Nester gebaut (A).

Seite 81, Aufgabe 2

In **der riesigen** Tanne (D) leben **viele unterschiedliche** Bewohner (N). Ein Specht hat **ein rundes** Loch (A) in **den dicken** Stamm (A) geklopft. Dort findet er **einige schmackhafte** Käfer und Würmer (A). **Die dichten** Zweige (N) bieten vielen Singvögeln Schutz vor **dem neugierigen** Kater. (D)

Seite 81, Aufgabe 3

Auch auf **der grünen** Wiese (D) gibt es **einige interessante** Dinge (A) zu entdecken. In **der offenen** Blüte (D) einer kleinen Blume hat sich **eine dicke** Hummel (N) niedergelassen, um von **dem süßen** Nektar (D) zu kosten. **Einige emsige** Ameisen (N) schleppen **winzige** Stücke (A) einer roten Kirsche in **den kleinen** Ameisenhügel (A). Dafür bilden sie **eine lange** Ameisenstraße (A).

Seite 82, Aufgabe 1

Positiv (Grundstufe)	Komparativ (Höherstufe)	Superlativ (Höchststufe)
klug	klüger	am klügsten
lustig	lustiger	am lustigsten
weit	weiter	am weitesten
hart	härter	am härtesten
schlau	schlauer	am schlauesten
hoch	höher	am höchsten
früh	früher	am früh(e)sten
schwer	schwerer	am schwersten

Seite 82, Aufgabe 2

a) Der Delfin taucht tief, der Narwal taucht tiefer, der Tigerhai taucht am tiefsten.

b) Der Euro-Tower ist hoch, das Ulmer Münster ist höher, der Stuttgarter Fernsehturm ist am höchsten.

c) Freiburg ist alt, Tübingen ist älter, Rottweil ist am ältesten.

Seite 83, Aufgabe 1
Stadt und Land

Mona wohnt in/auf/unter der Stadt. Ihre Freundin Anne lebt zwischen/auf/vor dem Land.

Wenn Anne Mona besuchen möchte, muss sie bei/von/in die Stadt fahren.

Dann holt Anne sie am/über/zu Bahnhof ab und sie spazieren zwischen/durch/in die Straßen.

Danach gibt es in/hinter/bei Monas Eltern Kakao und Kuchen.

Manchmal fährt aber Mona über/zu/neben Anne.

Dann fährt sie mit dem Bus bis vor/zwischen/auf Annes Haustür.

Der Hof liegt über/zwischen/durch der Kirche und dem Feuerwehrhaus.

Sie spazieren oft an/in/bei den Kiesteich.

Seite 83, Aufgabe 2

Gestern fuhren wir **zu** einer Burgruine.

Sie liegt **auf** einem Felsvorsprung hoch **über** dem Neckar.

Der Aufstieg zur Burg befindet sich **neben/hinter/vor** der Kirche.

Der Weg führt **durch** einen dunklen Wald.

Nach einem Marsch **auf** dem steinigen Weg kamen wir schließlich **an** der Burgruine an.

Neben/Hinter den Resten der Burgmauer kann man noch den gut erhaltenen Turm sehen.

Wir kletterten **auf** großen Steinen, Baumwurzeln und Felsbrocken umher.

Dabei entdeckten wir ganz oben **auf** dem Turm ein großes Vogelnest.

Auf einer Informationstafel lasen wir, dass sich früher **unter/in** dem Turm ein geheimer Zugang zur Burg befand.

Seite 84, Aufgabe 1

Dativ (D) / Akkusativ (A)

- D: Lea fährt auf dem Radweg. / A: Lea fährt auf den Radweg auf.
- D: Der Fahrradhelm hängt an einem Haken. / A: Den Fahrradhelm hängt sie an einen Haken.
- D: Die Kinder stehen vor der Tür. / A: Die Kinder stellen sich vor die Tür.
- D: Theos Mütze steckt in seiner Jacke. / A: Theo steckt seine Mütze in seine Jacke.
- D: Bens Schultasche liegt neben seinem Tisch. / A: Ben legt seine Schultasche neben seinen Tisch.
- D: Sein Geodreieck liegt unter dem Buch. / A: Er legt das Geodreieck unter das Buch.
- D: Anton sitzt hinter seiner Freundin. / A: Anton setzt sich hinter seine Freundin.
- D. Taha sitze über einer Arbeit. / A: Taha beugt sich über eine Heftseite.

Seite 84, Aufgabe 2
Leas Schulweg

Zuerst fährt Lea ein Stück auf der Straße. Dann fährt sie auf den Radweg auf. Neben dem Radweg fließt ein Fluss. Sie sieht, wie sich ein Reiher neben den Fluss setzt. Eine Maus flitzt unter das trockene Laub. Deshalb raschelt es leise unter dem trockenen Laub. Um auf die andere Seite zu kommen, muss sie über eine Brücke fahren. Über dieser/der Brücke verläuft die Straße. Das sieht lustig aus, denn der Radweg ist unter der Brücke befestigt. Wenn sie an der Schule angekommen, stellt sie ihr Fahrrad an eine Mauer. Dann läuft sie hinter den anderen her in die Schule und setzt sich an ihren Platz.

Seite 85, Aufgabe 1
unterstrichene Lösung favorisiert

1) Leon und seine Eltern sind umgezogen.
2) Jetzt wohnen sie im Haus der Großeltern am Rand der Obstwiesen.
3) Morgens wecken ihn die Vögel mit ihrem Gesang.
4) Bald darauf duftet es im ganzen Haus.
5) Oma backt ihm frische Pfannkuchen.
6) Noch vor dem Waschen und Anziehen darf er von der Leckerei naschen.
7) Die ganze Familie trifft sich am großen Esstisch in der gemütlichen Küche.
8) Nach dem Frühstück fährt Leon mit seinem Fahrrad zur Schule. / Mit seinem Fahrrad fährt Leon nach dem Frühstück zur Schule.
9) Dort sucht er seine Freundin Merve. / Seine Freundin Merve sucht er dort.
10) Beide sind Mitglied der Film-AG.
11) Ihr hat er einen Pfannkuchen mitgebracht. / Einen Pfannkuchen hat er ihr mitgebracht.
12) Vor dem Unterricht besprechen sie einen Text für die Schülerzeitung. / Einen Text für die Schülerzeitung besprechen sie vor dem Unterricht.
13) In der nächsten Ausgabe soll der Text abgedruckt werden.

Seite 86, Aufgabe 1
Prädikat, Subjekt

Leon / wünscht / sich / einen Hund. *(3. Person Singular)*
Deshalb / gehen / seine Großeltern / mit ihm / zu einem Nachbarn. *(3. Person Plural)*
Der Züchter / zeigt / ihnen / einige Welpen. *(3. Person Singular)*

Seite 86, Aufgabe 2

Prädikat, Subjekt

Mit großen Augen / schaut / ihn / ein kleiner Hund / an. →
mit großen Augen anschauen, ihn anschauen
Diesen Hund / wollen / sie / kaufen. → *diesen Hund
kaufen wollen*
Zu Hause / bereitet / er / die Ankunft des Hundes / vor. →
zu Hause vorbereiten, die Ankunft des Hundes vorbereiten

Seite 86, Aufgabe 3

Prädikat, Subjekt

– In einen Korb / legt / Leon (*Wer?*) alte Kissen und
  Spielzeug.
– Verschiedene Futterschüsseln und spezielles Hunde-
  futter / besorgen / die Großeltern (*Wer?*).
– Leons Eltern (*Wer?*) / melden / ihn und den Hund / in
  der Hundeschule / an.

Seite 87, Aufgabe 1

D: Dativ, A: Akkusativ, Prädikat, Objekt

Leon besucht Merve (A).
Er zeigt ihr (D) seinen kleinen Hund (A).
Gemeinsam besprechen sie einen geplanten Ausflug
nach Holzmaden (A).
Im Internet suchen sie Informationen (A).
In der Schule zeigen sie der Klasse (D) den Flyer des
Urweltmuseums (A).

Seite 87, Aufgabe 2

D: Dativ, A: Akkusativ, Prädikat, Objekt

Einige wollen das Urweltmuseum und den Dinopark (A)
besuchen.
Andere möchten im Schiefersteinbruch Versteinerungen
(A) ausgraben.
Der Lehrkraft (D) gefällt der Vorschlag gut.
Alle stimmen dem Ausflug / dem Plan (D) zu.
Auch die Eltern stimmen dem Ausflug / dem Plan (D) zu.
Die Lehrkraft bestellt einen Bus (A) und macht einen
Termin (A) aus.
Im Geschichtsunterricht zeigt die Lehrkraft den Kindern
(D) Bilder von Urzeittieren (A).

Seite 88, Aufgabe 1

a) *Leons Klasse fährt (Wohin?)* nach Holzmaden.
b) *(Wo?)* In dem Ort *sehen sie sich das Urweltmuseum an.*
c) *(Wo?)* Im Dinopark *graben sie ganz vorsichtig ein
   Dinoskelett aus.*
d) *(Wann?)* Am Nachmittag *wandern sie (Wohin?)* zum
   nahen Schiefersteinbruch.
e) *(Wann?)* Nach kurzer Zeit *findet Leon eine Schieferplatte mit einem Muschelabdruck.*

Seite 88, Aufgabe 2

Temporalbestimmung *wann, seit wann, bis wann, wie lange*	Lokalbestimmung *wo, wohin, woher*
am Nachmittag	nach Holzmaden
nach kurzer Zeit	In dem Ort
	Im Dinopark
	zum nahen Schieferstein-bruch

Seite 88, Aufgabe 3

TB: Temporalbestimmung, Zeit / LB: Lokalbestimmung, Ort

a) Am nächsten Tag rühren sie im BK-Raum Gips ein.
   Wann? TB/Zeit   Wo? LB/Ort
b) Den Gips gießen sie in Schalen.
   Wohin? LB/Ort
c) In die Gipsmasse legen sie Muschelschalen.
   Wohin? LB/Ort
d) Nach einigen Stunden ist der Gips getrocknet.
   Wann? TB/Zeit
e) Die so entstandenen Abdrücke bemalen sie
   am nächsten Tag.
   Wann? TB/Zeit

Textnachweise

Zu Seite 5: Stefanie Höfler: Helsin Apelsin und der Spinner.
   Beltz & Gelberg, Weinheim/Basel 2020, S. 8–10
Zu Seite 18: Nasreddin Hodscha. 666 wahre Geschichten.
   Marzolph, Ulrich (Hrsg.), C. H. Beck 1996, S. 40
Zu Seite 31: Paul Maar: Der Unterschied. Aus: Ders.:
   JAguar und NEINguar. Gedichte von Paul Maar.
   Verlag Friedrich Oetinger, Hamburg 2007, S. 35
   (verändert)
Zu Seite 31: Josef Guggenmoos: Das Eichhörnchen. Aus:
   Ders.: Was denkt die Maus am Donnerstag? dtv
   Verlagsgesellschaft, München 1971, 8. Auflage von
   1976, S. 61
Zu Seite 31: Paul Maar: Gelogen. Aus: Ders.: JAguar und
   NEINguar. Gedichte von Paul Maar. Verlag Friedrich
   Oetinger, Hamburg 2007, S. 7
Zu Seite 33: Hans Adolf Halbey: Kleine Turnübung. Aus: Ich
   liebe dich wie Apfelmus. Hrsg. von Amelie Fried. cbj
   (Verlagsgruppe Random House), München 2006, o. S.
Zu Seite 34–35: Tilde Michels: Der fremde Hund. Aus:
   Dies.: Der heimliche Hund. dtv Verlagsgesellschaft,
   München 1994, o. S.
Zu Seite 41: Anna Clayborne: Heuschrecken. Aus Dies.:
   Die 100 unglaublichsten Dinge der Welt. Übersetzt von
   Petra Bachman. Ars Edition, München 2011, S. 45

Wörter mit b, d, g im Auslaut

Wörter mit b, d, g im Auslaut

In manchen Wörtern hört man ein **p**, ein **t** oder ein **k**, obwohl sie mit **b**, **d**, **g** geschrieben werden: *kle**b**t, Schul**d**, lü**g**t …*

Wenn man diese Wörter verlängert oder ableitet, dann hört man, ob sie mit **b**, **d**, **g** oder mit **p**, **t**, **k** geschrieben werden: *kle**b**t: kle-**b**en, Schul**d**: Schul-**d**en, lü**g**t: lü-**g**en, Wan**d**: Wän-**d**e.*

1 Ergänze die Tabelle.

Wort	Verlängerung	Ableitung	Weiteres Wort der Wortfamilie
Ta**g**			
Flugzeu**g**			
einstie**g**			
niemand			
ga**b**			
beruhi**g**te			
Land			
Wald			
Ber**g**			
Feld			
Flu**g**			
Erle**b**nis			

2 Ergänze im folgenden Text die fehlenden Konsonanten **b**, **d**, **g**. Markiere sie.

Am ersten Tag der Ferien flogen wir mit einem Flugzeu**g** nach Italien. Als ich einstie__, hatte ich etwas Angst.

Doch das sollte mir nieman__ ansehen. Deswegen ga__ ich mich mög-

lichst locker. Dann beruhi__te ich mich aber bal__ wieder. Aus dem

Fenster sah ich das weite Lan__ unter mir liegen: da einen Wal__, dort

einen schneebedeckten Ber__ und dann ein riesiges Fel__ neben einem

blauen See. Bei der Landung war mir dann doch noch einmal komisch im

Bauch. Doch der Flu__ ein war tolles Erle__nis.

Wörter mit ä und äu

Wörter mit ä und äu

Die meisten Wörter mit **ä** oder **äu** stammen von Wörtern ab, die in ihrer Kurzform (in ihrem Wortstamm) mit **a** oder **au** geschrieben werden: *ängstlich* von *Angst*, *säuerlich* von *sauer*. Wenn du nicht sicher bist, ob ein Wort mit **ä** oder **äu** geschrieben wird, suchst du in der Wortfamilie nach einem Wort mit **a** oder **au**.

1 Leite die Wörter ab und setze **ä** oder **äu** ein.

Die B____che kommt von *Bauch,*

und *Str____cher* kommt von _____,

ich tr____me kommt von *Traum,*

aufr____men kommt von _____,

die Kr____ter kommt von *Kraut,*

und *l____ten* kommt von _____,

bet____ben kommt von *taub,*

der R____ber kommt von _____.

Die Fl____che kommt von *flach,*

die Schw____che kommt von _____,

der F____cher kommt von *Fach,*

und *D____cher* kommt von _____,

anst____ndig kommt von *Stand,*

Gel____nder kommt von _____,

die K____lte kommt von _____.

Nur *die ____ltern* schreibt man mit _____,

dabei kommt es von *alt.*

2 Schreibe **ä** oder **äu** in die Wortlücken hinein.
Achtung: Ein Wort wird mit **e** geschrieben und eines mit **eu**.

Aberglaube

Viele Leute sind abergl____bisch. So trauen sie sich an einem Freitag, der noch dazu auf den 13. f____llt,

nicht aus ihren H____sern, weil sie ____ngstlich sind. Sie fürchten sich vor Unf____llen und glauben an

finstere M____chte. Doch an einem solchen Tag passiert nicht mehr Unglück als sonst im allt____glichen Leben.

Oft h____ngt der Aberglaube mit Tieren zusammen. So verl____sst mancher Erwachsene die Straße, wenn ihm

ein schwarzes K____tzchen über den Weg l____ft. Es soll n____mlich Unglück bringen. Dieser Aberglaube geht

weit zurück bis ins Mittelalter. Schon damals dachte man, die schwarzen Mäusej____ger seien Hilfsgeister

der Hexen. Wenn man aber heute Schornsteinfeger auf den D____chern von H____sern sieht, dann bed____tet

das Glück. Und natürlich glauben wir alle g____rn daran.

Wörter mit stummen h

Wörter mit stummen h

Zwischen lang gesprochenem betontem Vokal und den Konsonanten **l**, **m**, **n**, **r** steht häufig ein stummes **h**: *Möhre, Höhle, Stuhl.*

1 Unterstreiche die folgenden Wörter im Text.
- Schreibe sie dann rechts auf die Zeilen.
- Markiere das stumme **h**.

gewöhnt – nehmen – Straßenbahn – fahren – Überführungen – führen – fehlten – Verkehr – Fähren – bezahlten – Gebühr– Fährmann– einnahm – fuhr – erwähnt – ehrlich – während – Ahnung – wehrte – lehnte – ihn – fuhr

Fähren

Wir haben uns längst daran <u>gewöhnt</u>, Flüsse bequem überqueren zu können. Wir laufen heute über Brücken oder nehmen eine Straßenbahn und fahren über Überführungen, die überall über die Flüsse führen.

Vor 200 Jahren fehlten aber noch viele Brücken, weil der Verkehr noch nicht so stark war. Da musste man mit Fähren über den Fluss setzen. Die Leute bezahlten eine Gebühr dafür, die der Fährmann einnahm, und dann fuhr man über den Fluss. In alten Papieren wird erwähnt, dass es dabei nicht immer ganz ehrlich zuging.

Von den Passagieren wurde nämlich erst während des Übersetzens das Geld verlangt – und dann oft ein Preis gefordert, von dem man vorher keine Ahnung hatte. Wenn sich einer gegen den Preis wehrte, lehnte der Fährmann es einfach ab, ihn über den Fluss zu bringen – und fuhr zurück.

gewöhnt _____

2 Suche verwandte Wörter und schreibe sie auf. Benutze ein Wörterbuch.

wohnen: *Wohnung,* _____

fahren: _____

führen: _____

Wörter mit ß

Wörter mit ß

Grundregel: Wörter mit langem betontem Vokallaut werden mit **s** geschrieben: *Nase.*
Ausnahme: Wörter nach langem betonten Vokallaut werden mit **ß** geschrieben, wenn
• weitere Wörter der Wortfamilie mit **ß** geschrieben werden: *grüßen, gegrüßt, Gruß, Grüße.*
• Wörter der Wortfamilie in bestimmten Formen mit **ss** geschrieben werden: *essen – aßen,*
  messen – Maß.

1   Schreibe zu den folgenden Nomen den Infinitiv des Verbes. Markiere **ß**.
Benutze ein Wörterbuch.

Spieß – _____   Ruß – _____

Buße – _____   Meißel – _____

Verschleiß – _____

2   Steigere die Adjektive. Markiere **ß**.

Positiv	Komparativ	Superlativ
fleißig	*fleißiger*	*am fleißigsten*
gefräßig		
müßig		
regelmäßig		
spießig		
groß		

3   Schreibe das Gegenteilwort.

💡 **Tipp** Alle gesuchten Wörter werden mit ß geschrieben.

faul: _____   kalt: _____

schwarz: _____   klein: _____

sauer: _____   öffnen: _____

Ernst: _____   Hand: _____

drinnen: _____   verabschieden: _____

4 Ordne die Wörter einander so zu, dass sinnvolle Wortgruppen entstehen. Markiere **ß**.

> *fleißig – Füße – gießen – genießen – regelmäßige – verschließen – wegschmeißen – zerreißen*

> *die Bienen – das Blatt – die Blumen – ein Eis – kalte – den Müll – die Trinkflasche – die Übungen*

fleißige Bienen

_____

_____

_____

_____

_____

_____

5 Ergänze die Tabelle. Markiere **ß** und **ss**.

Infinitiv	3. Person Singular Präteritum	3. Person Singular Perfekt
beschließen	*er beschloss*	*er hat beschlossen*
gießen		
genießen		
schmeißen		
sprießen		
zerreißen		

6 Ordne die Wörter den Wortfamilien zu. Markiere **ß** und **ss**.

ausfressen   Fraß   frisst   gelassen   wusste   gewusst   ließ   schließt
Schloss   ichweiß   unvergesslich   vergaß   vergisst   verlässt verschlossen

schließen, *schließt, Schloss* _____

wissen, _____

fressen, _____

lassen, _____

_____

vergessen, _____

_____

Großschreibung an Signalen erkennen: Artikelwörter

Bestimmte und unbestimmte Artikel

Die Grundregel lautet: **Nomen** werden **großgeschrieben**.

Zum Nomen gehört ein Artikel. Er ist ein deutliches Signal für die Großschreibung:
der Tag, **die** Ferien, **das** Weihnachtsfest, **ein** Gruß, **eine** Geburtstagskarte.

Nomen und Artikel sind zusammen eine Wortgruppe: die Nominalgruppe.

Welches Wort ein Nomen ist, kann man oft nur im **Satzzusammenhang** erkennen.

---

1 Lies die Wörter. Unterstreiche alle Nomen.

REITEN, EINE GRUPPE, EINEN WEG, ENTLANG, DIE BEWEGUNGEN, DIE ERWACHSENEN,
NACHMACHEN, DEN KOPF, LÄCHELN, EINEN SPORT, DAS REITEN, MUTIGSTEN,
EIN STECKENPFERD, DIE KINDER, BEKOMMEN, EINEN SPRUNG, EIN HINDERNIS, DAS ÜBEN,
SCHAFFEN, DEN SPRUNG, DEN PARKBESUCHERN, VIELE, EIN EHEPAAR, DIE FRAU, EIN SPIELZEUG

2 In diesem Text sind einige Nomen kleingeschrieben.
- Vor jedem Nomen steht ein Artikel, an dem du das Nomen erkennen kannst.
- Unterstreiche den Artikel.
- Überschreibe die Nomen mit Großbuchstaben.
- Schreibe die Nomen mit den Artikeln auf die Zeile. Trage den Pfeil ein.

Eine ^Ggruppe Mädchen und Jungen reitet auf Steckenpferden   Eine Gruppe _____

einen weg im Park entlang.   _____

Dabei machen sie die bewegungen von Pferden nach.   _____

Sie sehen, wie die erwachsenen den Kopf schütteln und lachen.   _____

Aber das stört sie nicht.   _____

Sie wissen, dass sie einen anstrengenden sport betreiben.   _____

Denn so ein „reiten" erfordert viel Ausdauer und Kraft.   _____

3 Im folgenden Text sind einige Nomen kleingeschrieben. Es fehlen aber auch alle Artikel.
Trage in die Lücken passende Artikel ein und überschreibe die Nomen mit Großbuchstaben.
Unterstreiche die Artikel und den Anfangsbuchstaben der Nomen und trage den Pfeil ein.

Wie _____ richtiges springpferd überwindet auch _____ steckenpferd Hindernisse.

_____ mutigsten kinder wagen _____ sprung über _____ hindernis, das 90 cm hoch ist.

_____ viele üben hat sich gelohnt. Alle Kinder schaffen _____ sprung. Dafür bekommen sie

von _____ parkbesuchern Beifall. _____ älteres ehepaar bestaunt _____ selbst gebauten

steckenpferde. _____ frau erinnert sich, dass _____ steckenpferd in ihrer Kindheit

_____ beliebtes spielzeug war.

Demonstrativartikel, Indefinitartikel, Possessivartikel
Auch Pronomen können **Nomen** begleiten.
mein Fahrrad, **eure** Fahrräder – **seine** Angst, **keine** Angst
Wichtige Artikelwörter sind: *dies(-), mein(-), unser(-), euer(-), sein(-), kein(-),*
einige(-), jede(-), alle(-), manch(-), solch(-)

4 Arbeite mit dem Text.
- Lies den Text und setze beim Lesen die folgenden Artikelwörter in die Lücken ein:
  seinen, ihrem, diese, kein, ihr, solche, ihr, ihre, seine
- Schreibe in die Lücken die passenden Artikelwörter und unterstreiche sie.
- Schreibe die Nomen mit ihrem Artikelwort in die Zeilen und trage den Pfeil ein.

Helena hat ein neues Hobby: Sie reitet.

Doch *ihr* Pferd steht nicht in einem Stall,   *ihr Pferd* _____

sondern hat _____ Platz in _____ Zimmer.   _____

_____ Pferd wiehert nicht und braucht auch _____ Futter,   _____

denn_____ Pferd ist ein Steckenpferd.   _____

_____ Steckenpferde kann man kaufen,   _____

aber Helena hat _____ Pferdchen selbst gebaut.   _____

_____ Mutter hat geholfen, den Kopf des Pferdes zu nähen.   _____

_____ Ohren bestehen aus weichem Leder.   _____

5 In folgenden Text sind viele Nomen nach Artikelwörtern kleingeschrieben.
- Unterstreiche die Artikelwörter.
- Überschreibe die Nomen mit Großbuchstaben.
- Schreibe die Nomen mit ihrem Artikelwort in die Zeile
  und trage den Pfeil ein.
- Kennzeichne Artikelwort und Nomen wie im Beispiel.

In seine ᴹmähne hat Helena einige bunte perlen geflochten. _____

So kann sie zwischen allen steckenpferden ihr Pferd erkennen. _____

Passend für ihre größe hat Helena einen Ast zurechtgesägt, _____

von seiner rinde befreit und ihn im Pferdekopf festgesteckt. _____

Ihren alten gürtel hat Helena in Streifen geschnitten. _____

Daraus hat sie das Zaumzeug für ihr pferd gebastelt. _____

Großschreibung an Signalen erkennen: Suffixe

Signal: Suffix (Nachbaustein)

Manche Wörter, die großgeschrieben werden, erkennt man an den Signalen ihrer Suffixe. Solche Suffixe sind: *-heit, -keit, -ung, -tum, -nis, -schaft, -sal, -ling*.
reich → **R**eich**tum**, ergeben → **E**rgeb**nis**, eigen → **E**igen**schaft**

1   Bilde aus dem Wortmaterial Nomen und schreibe sie mit Artikel auf.
- Unterstreiche den Großbuchstaben des Nomens und das Suffix.
- Trage den Pfeil ein wie im Beispiel: *die **M**eister**schaft***

Meister	ausstellen	bewegen	aufmerksam	heiter	**+**	-schaft, -ung,
Kind	aufregen	üben	möglich	sicher		-keit, -nis,
	hindern	abwechseln	schwierig			-heit

_____

_____

_____

_____

2   Lies den Text und setze in die Lücken passende Suffixe ein.
Unterstreiche den Großbuchstaben des Nomens und das Suffix. Trage den Pfeil ein.

Hobby-Horsing

Am Sonntag trafen sich die Fans des Hobby-Horsing zu ihrer ersten Meister_____. In einer Ausstell_____

konnten sich die Besucher über diesen Sport informieren. Die Aufreg_____ unter den Teilnehmenden war

groß. Endlich bekamen sie die Aufmerksam_____ für ihren Sport, die sie sich schon lange wünschten.

Die Mädchen und Jungen zeigten den Zuschauenden die Möglich_____ dieses Sports. Sie sprangen über

Hinder_____, zeigten verschiedene Schrittfolgen und spielten Polo. Helena berichtete, dass die

Beweg_____ auf dem Steckenpferd sehr anstrengend ist und regelmäßige Üb_____ erfordern. Die

Schwierig_____ besteht darin, mit den Beinen die Schritte eines Pferdes nachzumachen. Am Nachmittag

durften zur Abwechsl_____ die Gäste die Steckenpferde ausprobieren. Dies sorgte gerade bei den Erwach-

senen für Heiter_____. Ältere Leute erinnerten sich an ihre Kind_____. Für viele stand danach mit

Sicher_____ fest: Hobby-Horsing ist ein wirklich anstrengender Sport.

Punkte setzen

Der Punkt am Ende eines Satzes

Mit einer Aussage können wir andere informieren. Den Satz dazu nennen wir Aussagesatz. Beim Sprechen erkennt man einen Aussagesatz daran, dass man am Ende der Aussage mit der Stimme nach unten geht. Im Schriftlichen wird das Ende des Aussagesatzes mit einem Punkt gekennzeichnet. Das erste Wort im Satz schreibt man groß.

1 In jeder Zeile stehen zwei Sätze.
- Setze einen Punkt, wo nach deiner Meinung ein Satz zu Ende ist.
- Schreibe das erste Wort des neuen Satzes mit einem großen Anfangsbuchstaben.

Emma müsste unbedingt ihr Zimmer aufräumen es sieht nämlich ziemlich chaotisch aus

Die Mutter hat sie schon ermahnt richtig Lust hat Emma dazu aber nicht

Heute muss sie es aber tun um diese Aufgabe kommt sie nicht mehr herum

2 Lies den Text.
- Lies den Text noch einmal und setze Punkte vor die letzten zwei Wörter jeder Zeile. Dort beginnt ein neuer Satz.
- Schreibe das erste Wort des neuen Satzes mit einem großen Anfangsbuchstaben.
- Lies nun den Text noch einmal.

Es liegt alles durcheinander auf dem

Boden sind einige Klamotten ausgebreitet auf dem

Tisch steht der neue Laptop unter dem

Bett liegen die Socken und Schuhe auf dem

Fensterbrett steht eine Blume in einem Topf man müsste

sie wieder einmal gießen.

3 In diesem Text geht ein Satz in den anderen über.
- Lies dir den Text zuerst einmal genau durch.
- Setze dann Punkte, wo ein Satz zu Ende ist.
- Schreibe das erste Wort des neuen Satzes mit einem großen Anfangsbuchstaben.

Alles liegt heillos durcheinander in diesem Zimmer

findet man nichts mehr auf dem Bett

liegen Hefte und Bücher unter dem Bett

hat sich Staub verteilt auf dem Tisch

stapeln sich Spielsachen im Regal liegen

die Mappen alle durcheinander auf dem Fensterbrett

steht ein Blumentopf die Blume ist fast vertrocknet man

müsste sie unbedingt wieder einmal gießen.

Ausrufezeichen setzen

> **ⓘ** **Sätze mit Ausrufezeichen**
>
> Es gibt Sätze, die mit besonderem Nachdruck gesprochen werden. Diese werden mit einem Ausrufezeichen versehen. Bei solchen Sätzen steht häufig ein **Verb** im Imperativ am **Satzanfang**: *Hilf* mir doch mal*!* *Gib* mir bitte mal dein Lineal*!* Hilfe*!*

1 Schreibe Sätze, die mit besonderem Nachdruck gesprochen werden.
Verwende das Verb im Imperativ. Setze ein Ausrufezeichen.

lesen	das Buch	*Lies das Buch!* _____
helfen	mir bitte	_____
sprechen	mit mir	_____
mitnehmen	den Müll	_____
zurückgeben	mein Heft	_____

Ⅲ 2 Ordne die folgenden Sätze in die Tabelle ein.

Gut gemacht!   *Mensch, nun komm schon!*   *Sitz!*   *Vorsicht, heiß!*

Situation	Satz
Befehl für einen Hund	
Warnung vor Gefahren	
ungeduldiges Warten	
Lob	

Ⅲ 3 Ordne die Sätze bestimmten Situationen zu.

Aus!	*Befehl für einen Hund*
Bei Fuß!	_____
Iss langsam!	_____
Na toll!	_____
Super!	_____
Super günstig! Super gut!	_____
Vorsicht, Glas!	_____
Warte doch mal!	_____

Fragezeichen setzen

Zwei Arten von Fragen:

1. **Entscheidungsfragen**, die man mit *Ja* oder *Nein* beantwortet.
Bei diesen Fragen steht das Verb am Anfang des Satzes: **Kommst** *du morgen?* – *Ja.*
2. **W-Fragesatz**, die man mit einem Satz beantwortet. Bei diesen Fragen steht ein
Fragewort mit **W** am Anfang: **Wann** *kommst du ungefähr?* – *Ich komme so gegen vier Uhr.*
Hinter jedem **Fragesatz** steht ein **Fragezeichen**.

1 Lies die Fragen und ergänze mögliche Antworten.

Was machst du heute Nachmittag?   *Das weiß ich noch nicht.* _____

Kommst du mit ins Kino?   _____

Welcher Film kommt denn?   _____

Ist der gut?   _____

Wann beginnt die Vorstellung?   _____

Treffen wir uns dann vor dem Kino?   _____

2 Trage die Fragen geordnet in die Tabelle ein.
Unterstreiche die Verben oder die Fragewörter am Anfang mit verschiedenen Farben.

Entscheidungsfragen	W-Fragesatz

III 3 Trage hinter die Sätze Fragezeichen ein, die als Frage gemeint sind.
Ergänze in den übrigen Sätzen die fehlenden Punkte oder Ausrufezeichen.

Die unentschlossene Schnecke

nach Christian Morgenstern

Soll ich aus meim Hause raus

Soll ich aus meim Hause nicht raus

Geh ich einen Schritt raus

Geh ich lieber nicht raus

Doch, ich geh raus

Nein, ich geh lieber nicht raus

Geh ich raus

Geh ich nicht raus

Die Schnecke denkt lange nach

Schließlich verschiebt sie ihre Entscheidung auf den nächsten Tag

Zeichen der direkten Rede setzen

Zeichen der wörtlichen (direkten) Rede 1

Redebegleitsatz   Redesatz
Lara meint: „Die Mathearbeit war ziemlich schwer."
Wer etwas sagt, steht im **Redebegleitsatz**. Nach dem Redebegleitsatz steht ein Doppelpunkt.
Was einer sagt, steht im **Redesatz**. Der Redesatz steht in Anführungszeichen.

1 Unterstreiche im folgenden Text die Redesätze.
Markiere die Redezeichen: Doppelpunkt und Anführungszeichen.

Drin und Arila besuchen ihren früheren Grundschullehrer.

Sie sagen: „ Guten Tag, Herr Maier."

Herr Maier antwortet: „Hallo, ihr zwei. Ihr habt wohl Sehnsucht nach der Grundschule."

Drin und Arila sagen: „Na ja, ein bisschen. Aber an der neuen Schule ist es auch toll."

2 Lies das Gespräch weiter. Die Redesätze sind unterstrichen.
Trage die fehlenden Doppelpunkte und die Anführungszeichen ein.

Herr Maier stellt fest   Ihr geht also gern in die Schule.

Arila erzählt   Am Anfang war es schon schwierig. Die Schule ist viel größer und hat viele Zimmer.

Drin ergänzt   Und es gibt sehr viele Schülerinnen und Schüler und viele Lehrerinnen und Lehrer.

Arila sagt   Aber jetzt haben wir uns daran gewöhnt. Wir brauchen nicht mehr zu fragen, wenn wir

ein Zimmer suchen.

Herr Maier fragt   Und kommt ihr gut im Unterricht mit?

Drin meint   Viele Fächer hatten wir auch in der Grundschule. Aber es sind ein paar neue hinzugekommen.

3 Unterstreiche im folgenden Text die Redesätze.
Setze die fehlenden Satzzeichen und markiere sie.

Arila und Drin besuchen ihren früheren Grundschullehrer und erzählen von der neuen Schule.

Herr Maier fragt   Habt ihr auch neue Fächer in der fünften Klasse?

Arila berichtet   O ja. Wir haben BNT, Geschichte, Geografie und Medienkunde.

Herr Maier fragt weiter   Und welche Fächer gefallen euch am besten?

Drin erzählt   Mir gefällt besonders Medienbildung. Dort lernen wir viele neue Dinge am Computer.

Arila erklärt   Und ich mag Musik am meisten. Da können wir wählen zwischen Rhythmus, Chor,

Gitarre oder Flöte.

Drin fügt an   Vielleicht können Sie am Tag der offenen Tür mal in die Schule kommen. Da können

wir Ihnen alles zeigen.

Herr Maier antwortet   Diese Einladung nehme ich gern an. Am besten bringe ich die Mädchen und

Jungen meiner vierten Klasse mit.

Zeichen der wörtlichen (direkten) Rede 2

Redesatz	Redebegleitsatz
„Die Mathearbeit war ziemlich schwer",	*sagt Lara.*
„Was kam denn in der zweiten Aufgabe raus?",	*fragt Lucas.*
„Hört bloß auf damit!",	*ruft Paul.*

Der Redebegleitsatz kann auch nach dem Redesatz stehen. Dann steht zwischen Redesatz und Redebegleitsatz immer ein Komma. Das schließende Anführungszeichen steht nach den Satzschlusszeichen. Der Punkt vor dem Begleitsatz entfällt.

4 Unterstreiche im folgenden Text die Redesätze.
Markiere die Redezeichen: Anführungszeichen und Komma.

Arila und Drin erzählen von den neuen Fächern.

„In den letzten Wochen haben wir ein tolles Projekt gehabt", berichtet Drin.

„Ja, da haben wir in Deutsch eine Geschichte geschrieben", ergänzt Arila.

„Und in BK hat jeder zu seiner Geschichte Bilder gemalt", fällt Drin ihr ins Wort.

„Dann haben wir die Geschichte am Computer abgeschrieben", sagt Drin.

„Außerdem haben wir die Bilder fotografiert und im Computer abgespeichert", berichtet Arila.

„Zum Schluss haben wir die Texte und die Bilder zu einem Buch zusammengestellt", erzählt Drin.

5 Lies das Gespräch weiter. Die Redesätze sind unterstrichen.
Trage die fehlenden die Anführungszeichen ein.

<u>Wie viele Stunden habt ihr dafür gebraucht?</u> , fragt ein Mädchen.

<u>Das hat gar nicht so lange gedauert, weil wir in Deutsch, BK und Medienbildung daran gearbeitet haben</u> , antwortet Drin.

<u>So etwas möchte ich auch mal machen</u> , ruft ein Mädchen.

<u>Das könnt ihr sicher, wenn ihr in der 5. Klasse zu uns kommt</u> , sagt Arila.

6 Unterstreiche im folgenden Text die Redesätze.
Setze die fehlenden Satzzeichen und markiere sie.

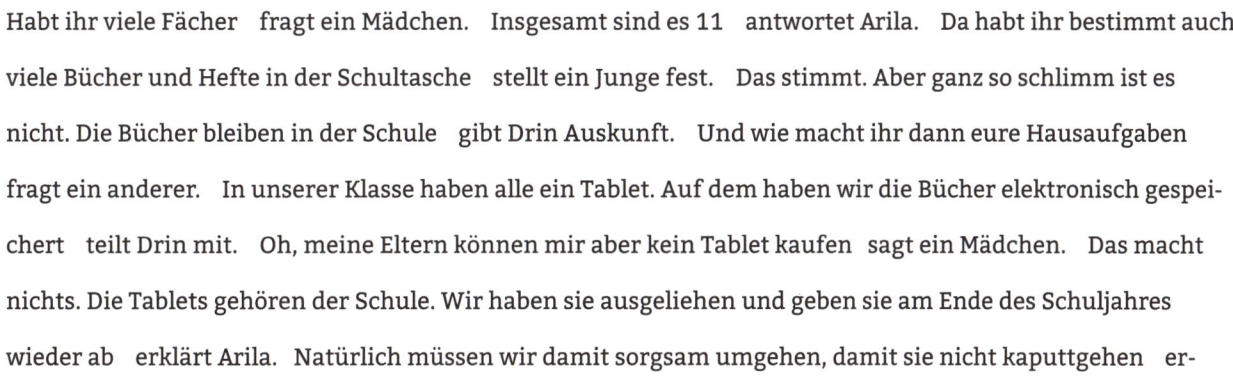

Habt ihr viele Fächer   fragt ein Mädchen.   Insgesamt sind es 11   antwortet Arila.   Da habt ihr bestimmt auch viele Bücher und Hefte in der Schultasche   stellt ein Junge fest.   Das stimmt. Aber ganz so schlimm ist es nicht. Die Bücher bleiben in der Schule   gibt Drin Auskunft.   Und wie macht ihr dann eure Hausaufgaben   fragt ein anderer.   In unserer Klasse haben alle ein Tablet. Auf dem haben wir die Bücher elektronisch gespeichert   teilt Drin mit.   Oh, meine Eltern können mir aber kein Tablet kaufen   sagt ein Mädchen.   Das macht nichts. Die Tablets gehören der Schule. Wir haben sie ausgeliehen und geben sie am Ende des Schuljahres wieder ab   erklärt Arila.   Natürlich müssen wir damit sorgsam umgehen, damit sie nicht kaputtgehen   ergänzt sie.

Das reihende Komma

Das reihende Komma bei Wörtern und Wortgruppen

Ein **Komma** wird zwischen **(gleichrangigen)**, **gereihten Wörtern** und **Wortgruppen** gesetzt.
Sie kauft rote, grüne, gelbe Paprika. Er isst gern Nudeln, Pizza, Döner.
Aber man setzt **kein** Komma, wenn die Bindewörter (Konjunktionen) **und**, **oder**
zwischen den Wörtern stehen:
Sie kauft rote und grüne und gelbe Paprika. Er isst gern Nudeln und Pizza und Döner.

1 Im folgenden Text fehlen alle Kommas der Reihung.
- Finde mithilfe des Wortschatzes die gereihten Wörter und unterstreiche sie.
- Setze die Kommas.

Wortschatz

BK
BNT
Deutsch
Ethik
Englisch
Geografie
Geschichte
Mathematik
Medienkunde
Musik
Religion
Sport

Drin führt am Tag der offenen Tür einige Viertklässler durch die Schule.

Er zeigt ihnen den Stundenplan der fünften Klasse. Schaut einmal:

Montags haben wir Deutsch BK und Sport. Dienstags haben wir Deutsch

Klassenleiterstunde Musik BNT Englisch und Geografie.

Mittwochs haben wir Medienbildung Mathematik

Deutsch und Musik. Donnerstags haben wir Englisch BNT Religion

Ethik und Sport. Freitags haben wir Mathematik Englisch und BNT.

2 Im folgenden Text fehlen alle Kommas der Reihung.
- Setze die Kommas.

An den schulfreien Nachmittagen können wir an der Töpfer-AG der Schulgarten-AG am Chor oder an

Sport-AGs teilnehmen. Für die älteren Schülerinnen und Schüler gibt es zusätzlich die Lego-AG die

Schulband und die Schülerzeitung. Wir haben auch die Möglichkeit als Streitschlichter Pausendienst

oder Schülermentoren arbeiten. Für schwächere Schülerinnen und Schüler gibt es die Hausaufgabenbe-

treuung Förderunterricht und Nachhilfe.

3 Auf der Abbildung siehst du einen Teil des Stundenplans für die siebte Klasse.
Schreibe in die Zeilen Sätze, in denen du die Fächer für jeden Tag mit einem reihenden Komma
verbindest.

Montag	Deutsch	Deutsch	Musik	Französisch	Religion/Ethik	Religion/Ethik
Dienstag	Mathematik	Mathematik	Geografie	Geschichte	BK	BK

Montags hat die siebte Klasse _____

_____

Dienstags hat die siebte Klasse _____

_____

Komma in der Satzreihe

Komma in der Satzreihe

Neben gleichrangigen Wörtern und Wortgruppen können auch gleichrangige Sätze (Hauptsätze) nebeneinander gereiht werden. Hauptsätze sind Sätze, die alleinstehen können.

1 Arbeite mit den Sätzen.

Schritt 1:　Unterstreiche die drei Sätze mit unterschiedlichen Farben.

Schritt 2:　Schreibe sie auf und verbinde sie dabei mit „und".
　　　　　　Unterstreiche die Teilsätze jeweils mit derselben Farbe wie in Schritt 1.

Schritt 3:　Schreibe die Sätze noch einmal auf. Lass das „und" weg und setze dafür ein Komma.
　　　　　　Unterstreiche die Teilsätze jeweils mit derselben Farbe wie in Schritt 1.

In der neuen Schule

Wir haben Deutsch. Wir haben Mathematik. Wir haben Englisch.

_____

_____

Einige wählen Flötenunterricht. Einige wählen den Chor. Einige wählen den Gitarrenunterricht.

_____

_____

Einige entscheiden sich für die Schulgarten-AG. Einige entscheiden sich für den Chor.
Einige entscheiden sich für den Sport.

_____

_____

_____

2 Jeder der folgenden Sätze besteht aus drei Teilsätzen.
　　Unterstreiche die drei Teilsätze mit jeweils einer anderen Farbe und setze die Kommas.

In Deutsch haben wir einen Text geschrieben in BK haben wir zum Text Bilder gemalt

in Medienkunde haben wir ein Buch daraus gemacht.

Nachmittags kann man in die Hausaufgabenbetreuung gehen man kann eine

Arbeitsgemeinschaft besuchen man kann einfach nach Hause gehen.

Sein Essen kann man von zu Hause mitbringen man kann sein Essen beim Bäcker

kaufen man kann sein Essen in der Mensa holen.

Kommasetzung im Satzgefüge

Bindewörter – Signale für die Kommasetzung in Satzgefügen

Sätze können mithilfe von Bindewörtern (Subjunktionen) verbunden werden:
als, dass, ob, weil, wenn, während.
Das Bindewort ist ein Signal dafür, dass davor ein Komma stehen muss.

1 Lies den Text und markiere die Bindewörter *weil, als, dass, sodass.*
Setze dann das Komma vor das Bindewort.

Das ist Miriam

Seit einigen Jahren betreibt sie die Sportart Triathlon weil sie gern schwimmt, läuft und Rad fährt.

Sie begann mit dem Training als sie acht Jahre alt war.

Ihren ersten Wettkampf gewann sie als sie neun Jahre alt war.

Dieser Wettkampf war so aufregend dass sie ihn nicht vergisst.

Zuerst musste sie 100 Meter schwimmen weil das die erste Sportart in diesem Wettbewerb ist.

Danach fuhr sie 2,5 Kilometer Rad sodass sie ganz außer Atem war.

Und dann lief sie noch 400 Meter so schnell dass sie als Erste im Ziel ankam.

2 Lies den Text und markiere die Subjunktionen.
Setze vor die Subjunktionen das Komma.

Miriam trainiert drei Sportarten weil sie sich nicht für eine entscheiden kann. Sie fragt sich ob man alle drei

Sportarten in einer machen kann. Mithilfe des Internets findet sie heraus dass man beim Triathlon schwimmt,

läuft und Rad fährt. Dort entdeckt sie auch dass es im Nachbarort eine Trainingsgruppe gibt. Im Verein lernt

sie andere Mädchen und Jungen kennen während sie sich dort vorstellt. Seitdem trainiert sie täglich sodass

sie nun auch an Wettkämpfen teilnehmen kann. Miriam musste das schnelle Aus- und Anziehen lernen weil

sie beim Wettkampf auch die Kleidung wechseln muss.

3 Lies den Text und ergänze die fehlenden Subjunktionen.
Setze vor die Subjunktionen das Komma.

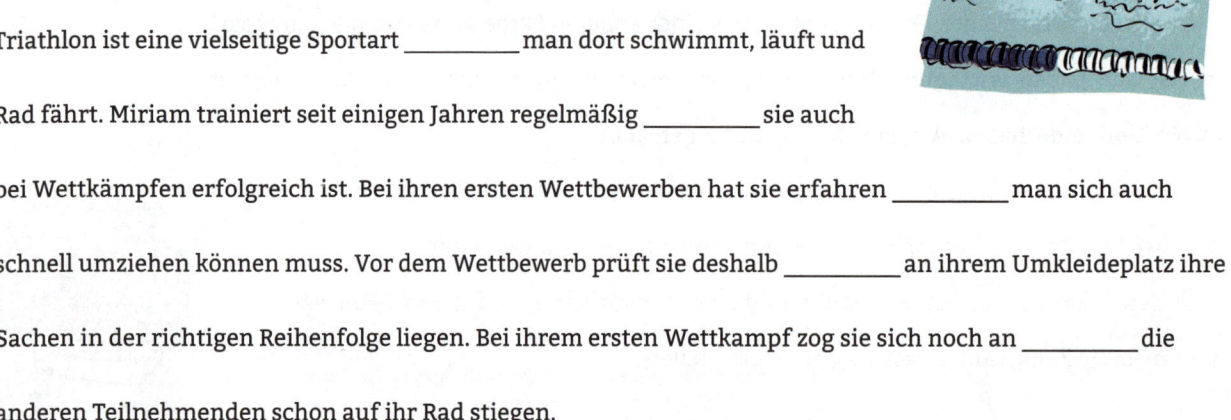

Triathlon ist eine vielseitige Sportart _____ man dort schwimmt, läuft und

Rad fährt. Miriam trainiert seit einigen Jahren regelmäßig _____ sie auch

bei Wettkämpfen erfolgreich ist. Bei ihren ersten Wettbewerben hat sie erfahren _____ man sich auch

schnell umziehen können muss. Vor dem Wettbewerb prüft sie deshalb _____ an ihrem Umkleideplatz ihre

Sachen in der richtigen Reihenfolge liegen. Bei ihrem ersten Wettkampf zog sie sich noch an _____ die

anderen Teilnehmenden schon auf ihr Rad stiegen.

Signalwörter am Anfang des Satzes

Das Bindewort (die Subjunktion) kann auch als Signal für die Kommasetzung am Anfang des Satzes stehen. Das Komma steht dann dort, wo zwei gebeugte (finite) Verben „aneinanderstoßen".
Sobald ich Zeit habe, gehe ich auf den Sportplatz.
In diesem Fall steht das Komma immer zwischen den beiden Verben.

4 Arbeite mit den Sätzen.
- Markiere die Bindewörter.
- Schreibe den Teilsatz mit dem Bindewort an den Anfang.
  Achte auf das Komma am Ende des Teilsatzes.
- Markiere das Bindewort, die Verben und das Komma.

Miriam begann mit dem Training, als sie acht Jahre alt war.

_____

Ihren ersten Wettkampf vergisst sie nicht, weil er so aufregend war.

_____

Bei Wettkämpfen zeigt sich, ob sie genügend geübt hat.

_____

Dafür trainiert sie täglich, während die anderen aus ihrer Klasse Freizeit haben.

_____

5 Schreibe die Sätze ab und stelle dabei einige Sätze so um, dass die Subjunktionen am Satzanfang stehen.

Miriam nimmt an vielen Laufwettbewerben teil, weil sie beim Laufen noch schneller werden möchte.
Sie braucht bessere Laufzeiten, weil sie im Schwimmen nicht so gut ist.
Auch beim Radfahren hat sie gezeigt, dass sie in den letzten Monaten besser geworden ist.
Sie schlüpft noch in die Radschuhe, während sie mit dem Rad losfährt.
Auch beim Wechsel von den Radschuhen in die Laufschuhe probiert Miriam,
ob sie einige Sekunden einsparen kann.

_____

_____

_____

_____

_____

_____

_____

Wörter nach dem Alphabet suchen

Du weißt: Die Wörter in einem Wörterbuch sind nach dem Alphabet geordnet. Wenn du nicht bei jedem Wort das ganze Buch durchblättern willst, musst du das Abc genau kennen, sonst dauert es eine Ewigkeit, bis du ein Wort gefunden hast. Eine einfache Übung, um dich besser in deinem Wörterbuch zurechtzufinden, ist die folgende.

A
A: (erster Buchstabe des Alphabets); von A bis Z – das A und O (das Wesentliche einer Sache; der Anfang und das Ende, von „Alpha" und „Omega", den Anfangs- und Endbuchstaben im griech. Alphabet)
AA: Abk. für Auswärtiges Amt
Aal, der: des Aal(e)s, die Aale; sich in der Sonne aalen; aalglatt
Aas, das: des Aases, die Aase (Tierkadaver); aasen (mit Geld oder Sachen verschwenderisch umgehen)

1 Schreibe die Wörter nach der alphabetischen Reihenfolge in die Zeilen. Suche sie anschließend im Wörterbuch und schreibe die Seitenzahl daneben.

Spaß, Satz, Schiff, sagen, schicken, Schilf, Sorte, Spritze, Stift, Szene

1 _____ S. ____   2 _____ S. ____

3 _____ S. ____   4 _____ S. ____

5 _____ S. ____   6 _____ S. ____

7 _____ S. ____   8 _____ S. ____

9 _____ S. ____   10 _____ S. ____

2 Suche das erste Wort mit folgendem Wortanfang.

mit Ho _____ S. ____   mit in _____ S. ____

mit Sch _____ S. ____   mit sch _____ S. ____

mit To _____ S. ____   mit ver _____ S. ____

mit U _____ S. ____   mit un _____ S. ____

mit St _____ S. ____   mit be _____ S. ____

3 Suche irgendein Wort mit diesen seltenen Anfangsbuchstaben.

mit Qu _____ S. ____   mit Ch _____ S. ____

mit X _____ S. ____   mit Sw _____ S. ____

mit C _____ S. ____   mit Th _____ S. ____

mit Y _____ S. ____   mit Rh _____ S. ____

mit V _____ S. ____   mit Sz _____ S. ____

Wörter im Wörterbuch schnell finden

Wörter findest du schneller, wenn du weißt, zwischen welchen Seitenleitwörtern sie stehen.

1   Suche die Stichwörter aus der Tabelle im Wörterbuch und ergänze die Seitenleitwörter.

linkes Seitenleitwort	Stichwort	rechtes Seitenleitwort
	Kind	
	Geist	
	Schienbein	
	Galopp	
	kitzelig	

Die Wörter unten links findest du als Stichwörter am Anfang einer Spalte im Wörterbuch.
Wenn du z. B. das Wort *Gespenst* suchst, dann findest du es herausgerückt oder auf andere Weise markiert.

Die Wörter unten rechts stehen nicht am Anfang einer Legende im Wörterbuch. Du findest sie unter den anderen Schlagwörtern einer Spalte aufgeführt. Wenn du z. B. das Wort *gespenstisch* suchst, dann findest du es unter dem verwandten Wort *Gespenst*.

Ge|spenst, das: des Gespenst(e)s, die Gespenster; er sieht Gespenster; **gespenstig, gespenstisch**

Ge|spenst, das: des Gespenst(e)s, die Gespenster; er sieht Gespenster; **gespenstig, gespenstisch**

2   Du kannst mit dir selbst oder mit anderen einen kleinen Wettkampf im schnellen Nachschlagen durchführen. Suche die folgenden Wörter in deinem Wörterbuch und schreibe die Seitenzahlen dahinter auf.

Gespenst: S. _____	Kind: S. _____	Geist: S. _____	
früh: S. _____	Spaghetti: S. _____	bibbern: S. _____	
Vormittag: S. _____	Dogge: S. _____	Galopp: S. _____	
Korridor: S. _____	kindisch: S. _____	watscheln: S. _____	
Shorts: S. _____	Makkaroni: S. _____	galoppieren: S. _____	
Brombeere: S. _____	Kindskopf: S. _____	fies: S. _____	
gespenstisch: S. _____	kitzelig: S. _____	bruchrechnen: S. _____	
Bastelei: S. _____	bewusstlos: S. _____	kuschelig: S. _____	
Geisterfahrer: S. _____	Frühstück: S. _____	Schienbein: S. _____	

Wenn du nicht sicher bist, wie ein Wort geschrieben wird

Dein Wörterbuch kann dir vor allem bei der Rechtschreibung helfen.
Wenn du nicht sicher bist, wie ein Wort geschrieben wird, kannst du es nachschlagen.

1   Schlage für jedes Wort nach, wie es geschrieben wird. Schreibe es richtig auf die Linie.
Schreibe die Seitenzahl dahinter. Streiche die falsch geschriebenen Wörter durch.

komplizirt / komplieziert / kompliziert   _____ S. _____

agressiv / aggressiv / agressief   _____ S. _____

Kanienchen / Kaninchen / Karninchen   _____ S. _____

Maknet / Magneht / Magnet   _____ S. _____

Preteritum / Präteritum / Pretäritum   _____ S. _____

Diktat / Dicktat / Diktaht   _____ S. _____

waxen / wacksen / wachsen   _____ S. _____

Reisleine / Reißleine / Reissleine   _____ S. _____

Kehfihr / Kevier / Kefir   _____ S. _____

Manchmal weißt du nicht, wie ein Wort am Anfang geschrieben wird, z. B. mit **e** oder mit **ä**?
Wenn du es unter **e** nicht findest, dann musst du unter **ä** nachschlagen.

2   Schreibe die Wörter richtig auf. Schreibe dahinter, auf welcher Seite du sie gefunden hast.

Wörter mit E oder Ä

die ?rmel   _____ S. _____

das ?lfenbein   _____ S. _____

der ?quator   _____ S. _____

Wörter mir Eu/eu oder Äu/äu

das ??ter   _____ S. _____

??ßerlich   _____ S. _____

die ??le   _____ S. _____

Wörter mit C oder K – oder geht beides?

der ?lown   _____ S. _____

der ?ousin   _____ S. _____

der ?lub   _____ S. _____

Wörter mit T oder Th

das ??eater   _____ S. _____

das ??ema   _____ S. _____

die ??oilette   _____ S. _____

Wörter mit C, Ch oder K

der ??arakter   _____ S. _____

die ??arawane   _____ S. _____

der ??aravan   _____ S. _____

Wörter mit k oder g – oder geht beides?

?rabbeln   _____ S. _____

?litzern   _____ S. _____

?litzeklein   _____ S. _____

Nomen

Nomen

Nomen sind wichtige Wörter unserer Sprache. Ohne sie kann man einen Text nur schwer verstehen, denn meistens wird erst durch die Nomen die Bedeutung eines Textes klar. Beim Lesen erkennt man Nomen an der Großschreibung. Nomen bezeichnen ganz konkrete Dinge wie Gegenstände (*der Bleistift*), Lebewesen (*der Hund*) und abstrakte Dinge wie Gefühle (*die Freude*) oder Ideen (*die Freiheit*).

1 Füge die folgenden Nomen an den passenden Stellen des Textes ein.

Freunden, Badesee, Bushaltestelle, Minuten, See, Platz, Baum, Schatten, Sonne, Tretboot, See, Hits, Takt, Musik, Schwimmwesten, Spaß, Ufer, Angler, Hand, Lärm

Mira fährt mit ihren *Freunden* zum _____. Von der _____

müssen sie nur fünf _____ laufen, dann ist der _____ schon zu sehen. Sie suchen sich einen

_____ unter einem_____. Dort haben sie _____, wenn die _____ brennt.

Weil noch nicht so viel los ist, leihen sie sich ein _____ aus und fahren auf den _____

hinaus. Dort hört sie niemand. Sie singen laut die aktuellsten _____ und bewegen sich dazu im

_____ der_____. Ein bisschen stören zwar die_____, aber sie haben trotzdem

_____. Am _____ steht ein _____. Er hebt die _____ und winkt ihnen zu.

Ob ihn der _____ stört?

2 Schreibe die Nomen mit Artikel auf.

Nomen für Gegenstände, Lebewesen, Zählbares

die Freunde _____

_____

_____

_____

Nomen für Gefühle, Ideen, Unzählbares

_____

_____

Numerus: Singular und Plural

Numerus (Singular und Plural)

Der **Singular** (die Einzahl) von Nomen zeigt an, dass nur ein Exemplar gemeint ist:
der/ein Tisch, die/eine Fabrik, das/ein Schiff.
Der Plural (die Mehrzahl) von Nomen zeigt an, dass mehrere Exemplare davon gemeint
sind: *die Tische, die Fabriken, die Schiffe.*
Der **Plural** von Nomen kann durch verschiedene Formen angezeigt werden:
- Umlaut: *der Boden – die Böden, die Mutter – die Mütter*
- Suffix: *die Schüssel – die Schüsseln, das Hotel – die Hotels, der Tag – die Tage,*
  das Bild – die Bilder
- Umlaut und Suffix: *der Ball - die Bälle, das Land – die Länder*
Einige Nomen verändern sich im Plural nicht: *der Haken – die Haken.*

1 Schreibe die Nomen im Plural auf.
Unterstreiche die Merkmale des Plurals.

der Hof: *die Höfe* _____   das Netz: _____

das Ohr: _____   der Stuhl: _____

der Mantel: _____   der Opa: _____

2 Trage den Plural der Nomen in die passende Spalte der Tabelle ein.
Unterstreiche die Pluralmerkmale.

Singular	Plural			
	Umlaut	Suffix	Umlaut und Suffix	Ohne Veränderung
der Wald			*die Wälder*	
das Lied				
das Wort				
die Tür				
die Feder				
die Oma				
der Garten				
der Schüler				
das Wunder				

Kasus: Die vier Fälle

Nomen: Kasus

Nomen stehen in der Nennform, dem Nominativ Singular, im Wörterbuch. Sie verändern sich je nachdem, was man sagen möchte, und nach der Funktion im Satz, die das Verb bestimmt.
Das nennt man Deklination. Die vier Kasus – Nominativ (*Wer?*), Genitiv (*Wessen?*), Dativ (*Wem?*), Akkusativ (*Wen?*) – erkennt man an den Endungen der Artikelwörter und zum Teil an den Endungen des Nomens.
der Sohn – des Sohnes – dem Sohn – den Sohn
meine Söhne – meine Söhne – meinen Söhnen – meiner Söhne

1 Lies die Sätze und ergänze die fett gedruckten Nomen und die Artikel im richtigen Kasus. Unterstreiche die Merkmale des Kasus. Trage den Pfeil ein.

a) Mira sieht **d**ie zwei **Jung**en im Wasser. *(Akkusativ Plural)*

b) Sie sieht **d**_____ zwei **Jung**_____ beim Tauchen zu. *(Akkusativ Plural)*

c) Miras Blick folgt **ein**_____ **Vogel**. *(Dativ Singular)*

d) Sie beobachtet **d**_____ **Vogel** eine Weile. *(Akkusativ Singular)*

e) Mira winkt **ein**_____ **Angler**. *(Dativ Singular)*

f) Sie kennt **de**_____ **Angler** schon eine Weile. *(Akkusativ Singular)*

2 Lies die Sätze und ergänze die fett gedruckten Nomen und ihre Begleiter im richtigen Kasus. Unterstreiche die Merkmale des Kasus. Trage den Pfeil ein.

a) Nach dem Schwimmen legen sie **ihr**e **Handtüch**er in die Sonne.

b) Dort packen sie **d**_____ **reichlich**_____ **Picknick** aus.

c) Sie geben **ein**_____ **neugierig**_____ **Spatz**_____ ein paar Krümel.

d) Das lockt noch **einig**_____ **weiter**_____ **Vögel** an.

e) Die Kinder sehen **d**_____ **hungrig**_____ **Piepmätz**_____ zu.

3 Lies die Sätze und setze passende Artikelwörter im richtigen Kasus ein. Ergänze die übrigen Endungen. Unterstreiche die Merkmale des Kasus. Trage den Pfeil ein.

a) Am See gibt es auch *einen* **neu**en **Minigolfplatz**.

b) Eine Frau erklärt _____ **neugierig**_____ **Kinder**_____ **d**_____ **abwechslungsreich**_____ **Spiel**.

c) Sie bekommen _____ **klein**_____ **Spielplan**,

d) auf dem sie _____ **erreicht**_____ **Punkt**_____ eintragen.

e) Sie entnehmen _____ **groß**_____ **Korb** _____ **Golfschläger** und los geht's.

Genus: Das grammatische Geschlecht

Nomen: Das grammatische Geschlecht

Nomen haben ein festes Genus. Es wird durch den Artikel *der, die oder das* in der Grundform angezeigt.

- Maskulinum (männlich): *der Stuhl*
- Femininum (weiblich): *die Tür*
- Neutrum (sächlich): *das Haus*

Das **grammatische Geschlecht** (Genus) hat meist nichts mit dem **natürlichen Geschlecht** (Sexus) zu tun.

Deshalb ist es wichtig, Nomen mit ihrem Genus zu lernen.

1 Ordne die folgenden Nomen mit dem Artikel in die Tabelle ein.
Benutze ein Wörterbuch, wenn du unsicher bist.

B̶a̶l̶l̶, Bank, Blume, Bus, Durst, Fluss, Geheimnis, Gesicht, Gras, Haus, Liebe, Lied, Lob, Mund, Nacht, Obst, Ohr, Paar, Pause, Reihe, Spiel, Stadt, Stein, Straße, Tag, Urlaub, Wiese, Witz

Maskulinum *(der)*	Femininum *(die)*	Neutrum *(das)*
der Ball		

2 Manchmal kann man das Genus am Suffix des Nomens erkennen.
Ordne die Nomen mit dem Artikel in die Tabelle ein. Unterstreiche das Suffix.

B̶r̶ö̶t̶c̶h̶e̶n̶, Dummheit, Häuptling, Häuslein, Kindchen, Landschaft, Lehrling, Liebling, Mäuslein, Ortschaft, Rechnung, Schädling

Maskulinum *(der)*	Femininum *(die)*	Neutrum *(das)*
		das Bröt<u>chen</u>

Artikelwörter

> ### Artikelwörter
>
> Artikelwörter sind **Begleiter** des Nomens und stehen am linken Rand einer Nominalgruppe.
> Artikelwort und Nomen stimmen in Kasus, Numerus und Genus überein. Artikelwörter legen die
> Großschreibung des Nomens fest.
> Artikelwörter sind z. B.: *der, die, das, ein, eine, einige, dieser, diese, dieses, mein, unser, jeder,*
> *jede, jedes, alle.*

1   Lies den Text und unterstreiche alle Artikelwörter.

Unwetter über dem See

Karim steht am Fenster in <u>seinem</u> Zimmer und schaut auf den See hinaus. Ein Gewitter zieht heran. Die ersten Blitze sind über dem See zu sehen. Einige aufgeregte Vögel suchen Schutz in ihren Nestern. Kein Mensch ist draußen zu sehen. Sie sitzen in den nahe gelegenen Cafés und trinken bei diesem ungemütlichen Wetter einen heißen Tee. Der stürmische Wind treibt die Wellen gegen die Hafenmauer. Einigen Wellen gelingt es, das Wasser bis auf die Uferstraße zu spülen. Nach einem letzten Blitz und einem kräftigen Donnerschlag hört der ganze Spuk plötzlich auf.

2   Setze in die Lücken die passende Artikelwörter ein.

~~ihrem~~, dem, einige, die, diesen, Eine, einem, ihre, der, Der, die

Franzi steht an *ihrem* Fenster und schaut _____ Regen zu. Zuerst fallen nur _____ Tropfen auf

_____ trockenen Wege. Doch aus _____ wenigen Tropfen werden immer mehr, bis es stark regnet.

_____ Frau sucht Schutz unter _____ Dach. Andere haben _____ bunten Schirme aufgespannt und

laufen weiter. Genauso schnell wie _____ Regenguss gekommen ist, verschwindet er auch wieder.

_____ Wind hat _____ grauen Wolken weggepustet.

3   Setze in die Lücken passende Artikelwörter ein.

David sieht auf *den* See hinaus. _____ dunklen Gewitterwolken kommen immer näher. _____ Donnergrollen

wird lauter und lauter. _____ grelle Blitze tauchen _____ Himmel in _____ seltsames Licht. Vor _____

Blitzen hat er _____ bisschen Angst. Im Hafen schaukeln _____ Schiffe wild hin und her. _____ besonders

hohe Wellen spritzen _____ Wasser bis in _____ Strandpark. Nach _____ Weile lässt _____ Sturm nach

und _____ ersten Sonnenstrahlen wagen sich hinter _____ Wolken hervor. _____ Hund schüttelt

_____ nasses Fell, sodass _____ Tropfen fliegen. Er hatte sich wohl unter _____ Strauch versteckt.

Bestimmte und unbestimmte Artikel

Bestimmter Artikel – unbestimmter Artikel

In einem Text steht der **unbestimmte Artikel** *(ein, eine, ...)* in der Regel dann, wenn ein Nomen zum ersten Mal genannt wird, wenn also etwas oder jemand noch unbekannt ist.
Der **bestimmte Artikel** *(der, die, das)* steht dagegen dann, wenn dasselbe Nomen ein zweites Mal im Text vorkommt, wenn also etwas oder jemand bereits bekannt ist.

1 Setze in den Text bestimmte oder unbestimmte Artikel ein.
- Orientiere dich am Merkkasten.
- Beachte: Die Artikel können sich verändern.

Im Kletterpark

Die Klasse macht _____ Ausflug in _____ Kletterpark. _____

Betreuer gibt jedem Kind _____ Helm und _____ Klettergurt. Er

zeigt _____ Kindern, wie _____ Gurt angezogen werden muss,

damit er beim Klettern nicht stört und _____ Kinder trotzdem gut

gesichert sind. _____ Betreuer kontrolliert, ob _____ Helme und

Gurte richtig sitzen und dann gehen sie zu _____ Kletterstationen.

Zuerst steigen sie über _____ wackliges Netz auf _____ Plattform. _____ Plattform ist _____

Ausgangspunkt für _____ verschiedenen Kletterwege. Dort müssen sie _____ Klettergurt in _____

Sicherungsseil einhaken. Dann teilen sich _____ Kinder auf.

Sarah, Jana, Julius und Jonas gehen über _____ Hängebrücke zur nächsten Plattform. _____ Hänge-

brücke schaukelt hin und her und _____ Jungen schaukeln noch zusätzlich. Sarah lacht ganz laut, damit

_____ anderen nicht merken, dass sie _____ bisschen Angst hat. Von _____ Plattform zur nächsten

ist _____ Seil gespannt. Auf _____ Seil müssen sie balancieren. Sie können sich nur an _____

weiteren Seil festhalten. Puh, das ist ganz schön anstrengend. Dann klettern sie _____ Hängeleiter hinauf

zu _____ Station mit Wackelbalken. _____ einzelnen Balken sind an Ketten befestigt und bewegen sich.

Jonas geht als Erster vorsichtig von _____ Balken zum nächsten. Dann folgen _____ Reihe nach

_____ andern. _____ letzte Station ist _____ Seilrutsche. Jana setzt sich auf _____ Sitzpolster

und saust schnell wie _____ Wind zum Waldboden. Das kribbelt _____ bisschen im Bauch.

Personalpronomen

Personalpronomen

Wörter wie *er, sie, es, ihn, ihm, ihr* (Singular) und *sie* (Plural) sind Stellvertreter für Nomen,
die im Text bereits genannt worden sind. Solche Wörter nennt man Personalpronomen.

1 Streiche in den folgenden Sätzen das Nomen und seinen Artikel vor der Lücke durch und ersetze es durch
ein Personalpronomen im richtigen Fall. Schreibe die Personalpronomen am Satzanfang groß.

~~sie~~, es, ihm, sie, ihnen

a) Einige Kinder stehen in der Aula. ~~Die Kinder~~ *Sie* sehen sich ein Bild an.

b) Auf dem Bild sieht man ein Strichmännchen. Das Strichmännchen _____ steht auf einem Trampolin.

c) Eine Lehrkraft fotografiert mit einem Tablet die Figur. Auf dem Tablet _____ springt

die Figur _____ hoch und runter.

d) Einige Kinder konnten von hinten nicht gut sehen. Die Lehrkraft gibt den Kindern _____

die Erlaubnis, das eigene Smartphone zu benutzen.

2 Setze im folgenden Text die passenden Personalpronomen ein.
Streiche dort, wo du es für richtig hältst, die Nomen und seinen Artikel durch und
schreibe das passende Personalpronomen darüber.

Vor den neuen Bildern im Flur der Schule stehen viele Kinder mit einer Lehrkraft. *Sie* ~~Die Kinder~~ haben

ihre Tablets in der Hand, auf die die Kinder eine App laden. Mit dieser App können die Kinder die Bilder

bewegen.

Laura hält ihr Tablet vor das Bild mit einem Skateboardfahrer. Und siehe da: Der Skateboardfahrer

fährt die Halfpipe hin und her. Eine andere Figur steht auf einem Trampolin. Die Figur springt auf dem

Trampolin hoch und runter.

Besonders witzig findet Laura ein anderes Bild. Das Bild zeigt ein Virus. Eine Figur boxt das Virus so, dass das

Virus in tausend Stücke zerspringt. Lauras Freundin hat sich die Bilder auf der anderen Seite des Ganges

angesehen. Wenn Tabea die Bilder mit ihrem Tablet scannt, erzählen die Bilder

kleine Geschichten.

Diese Bilder sind ein Projekt von Mädchen und Jungen einer 6. Klasse.

Die Mädchen und Jungen haben die Bilder in BK gezeichnet. Dann haben

die Mädchen und Jungen die Bilder in Medienkunde eingescannt und

in die App geladen. So können sich alle an den Bildern erfreuen.

Verben: Infinitive

Der Infinitiv

Im Wörterbuch stehen die Verben im **Infinitiv**: *essen, fallen, waschen …*
In Sätzen kommen die Verben aber meistens in anderen Formen vor:
Ich aß ein Eis. Doch die Eiskugel fiel mir aus der Hand. Ich wusch mir danach die Hände.
Den Infinitiv findest du heraus, wenn du Sätze bildest mit Wörtern wie
ich will, ich muss, ich möchte, ich kann … Ich will essen. Sie muss fallen. Ich möchte waschen.
Das Wort danach steht im Infinitiv.
Du erkennst den Infinitiv auch an der Form: *Wortstamm +(e)n: wasch+en.*

1 Lies den Text und unterstreiche die Verben. Schreibe die Verben im Infinitiv auf die Zeile daneben.

Im Affenhaus

Neugierig <u>betrachtet</u> ein großes Männchen die Zoobesucher.   *betrachten*

Als Lilli ihre Hand an die Glaswand hält,   _____

legt der Affe auf der anderen Seite seine Hand darauf.   _____

Lilli strahlt. Ihr Herz pocht vor Freude ganz laut.   _____

Als Leon es auch probiert, tippt sich der Affe an den Kopf.   _____

Alle lachen. Aber Leon findet das nicht lustig.   _____

Dann sehen sie, wie ein Affe eine Banane frisst   _____

und schon nach der nächsten greift.   _____

Ein alter Affe deckt sich mit einem großen Blatt zu.   _____

Ganz aufgeregt gehen die Kinder zum Tropenhaus.   _____

2 Bilde mithilfe des Wortmaterials kurze Sätze. Es gibt verschiedene Möglichkeiten.

Hahn, Kaninchen, Pony, Zicklein, Ziege
füttern, krähen, meckern, springen, streicheln

_____

_____

_____

_____

_____

Stammformen von Verben

Stammformen der Verben

Im Satz verändern Verben häufig ihre Form. In der Regel genügen drei Stammformen,
um alle anderen Formen des Verbes zu bilden.
Starke Verben: Der Stammvokal ändert sich beim Konjugieren und das Partizip II endet
auf -en: *gehen – ging – gegangen*.
Schwache Verben: Der Stammvokal ändert sich nicht und das Partizip II endet auf -t: *spielen –
spielte – gespielt*.

1 Ergänze die jeweils fehlende Verbform. Benutze ein Wörterbuch, wenn du unsicher bist.
- Unterstreiche die Verben wie im Beispiel.
- Markiere die Stammvokale.
- Markiere die Endung beim Partizip II.

Verben im Infinitiv	**Verben im Präteritum**	**Verben im Partizip II**
spielen _____	Wir *spielten*.	Wir haben gespielt.
_____	Er fand einen Euro.	Er hat einen Euro _____.
_____	Sie _____ ihren Schlitten.	Sie hat ihren Schlitten gezogen.
pfeifen	Ahmad _____ ein Lied.	Ahmad hat ein Lied _____.
_____	Wir kochten zusammen.	Wir haben zusammen _____.
sinken	Das Schiff _____.	Das Schiff ist _____.
_____	Ich _____ den Schlüssel.	Ich habe den Schlüssel verloren.
kaufen	Sie _____ Hefte.	Sie haben Hefte _____.
_____	Ben band Schleifen.	Ben hat Schleifen _____.

2 Ordne die Verben aus Aufgabe 1 im Infinitiv in die Tabelle ein. Orientiere dich am Merkkasten.

starke Verben	schwache Verben
	spielen

Wann verwendet man welche Zeitform?

Die Verwendung der Zeitformen

Das **Präsens** verwendet man vor allem dann, wenn man über etwas spricht oder schreibt, was in der Gegenwart geschieht, was soeben abläuft: *Dort unten am See sehe ich einen Mann.*
Das **Perfekt** verwendet man vor allem dann, wenn man über etwas spricht, was in der Vergangenheit passiert ist, was schon vorbei ist: *Unten am See habe ich einen Mann gesehen.*
Das **Präteritum** verwendet man vor allem dann, wenn man über etwas schreibt, was in der Vergangenheit geschah und schon vorbei ist: *Unten am See sah ich einen Mann.*

1   Lies die Texte und unterstreiche alle Verbformen.

1

Hey, ich <u>fahre</u> gerade mit meinen Eltern zum Badesee. Wir rollen mit dem Auto so dahin. Huch, meine Mutter bremst pötzlich. Vor uns ist Stau. Jetzt halten wir an. Von hinten kommt ein Abschleppwagen. Endlich ist die Straße wieder frei. Hoffentlich passiert jetzt nichts mehr.

2

Gestern bin ich mit meinen Eltern zum Badesee gefahren. Wir sind mit dem Auto so dahingerollt. Plötzlich hat meine Mutter gebremst. Vor uns ist ein Stau gewesen. Wir haben also angehalten. Von hinten ist ein Abschleppwagen gekommen. Nach eineinhalb Stunden ist die Straße wieder frei gewesen. Den restlichen Tag ist nichts mehr passiert.

3

Gestern fuhr ich mit meinen Eltern zum Badesee. Wir rollten mit dem Auto so dahin. Plötzlich bremste meine Mutter. Vor uns war ein Stau. Wir hielten also an. Von hinten kam ein Abschleppwagen. Nach eineinhalb Stunden war die Straße wieder frei. Den restlichen Tag passierte nichts mehr.

2   Ordne zu, an welchen Orten die drei Texte entstanden sind. Schreibe den Buchstaben zum Text.

a) *Maxim berichtet am Abend seinem Freund, was erlebt hat.*

b) *Maxim schreibt in sein Tagebuch.*

c) *Maxim erzählt seinem Freund am Handy, was gerade geschieht.*

3   Schreibe drei Verben aus den Texten in die jeweilige Zeile.

Präsens: _____

Präteritum: _____

Perfekt: _____

Präteritum und Perfekt

Präteritum und Perfekt

Das Präteritum verwendet man vor allem für die schriftliche Beschreibungen der Vergangenheit.

Bei **schwachen Verben** wird zwischen Wortstamm und Personalendung ein *(e)t* eingeschoben.

spielen: ich spielte, du spieltest, sie spielte, wir spielten, ihr spieltet, sie spielten.

Bei **starken Verben** ändert sich der Stammvokal:

gehen: ich ging, du gingst, sie ging, wir gingen, ihr ginget, sie gingen.

Das Perfekt verwendet man vor allem für die mündliche Beschreibung der Vergangenheit.

Es wird mit der Personalform der Hilfsverben *haben* oder *sein* und dem Partizip II gebildet:

ich habe ..., du hast ..., sie hat ..., wir haben ..., ihr habt ..., sie haben geschrieben.

ich bin ..., du bist ..., sie ist ..., wir sind ..., ihr seid ..., sie sind gegangen.

1   Lies den Text und unterstreiche alle Verben.

Klassenausflug in den Dinopark

Am letzten Freitag <u>besuchten</u> wir den Dinopark. Eine Frau erklärte uns zuerst alles. Ihr Vortrag dauerte ziemlich lange und manche langweilten sich dabei. Ich fand das Gesagte aber interessant. Nach dem Vortrag sahen wir uns die Plastikriesen an. Ich fühlte mich dabei ein bisschen seltsam. Ihre Schnauzen sahen ja auch wirklich furchterregend aus. Wir konnten sogar in ihre Mäuler hineingreifen. Dieser Ausflug gefiel uns allen sehr gut. Zu Hause erzählte ich meinen Eltern ausführlich vom Park.

2   Trage alle Verbformen aus dem Text in die Tabelle ein.
      Ergänze die Verben im Perfekt und im Infinitiv.

Präteritum	Perfekt	Infinitiv
besuchten	*haben besucht*	*besuchen*

Wozu wir Adjektive brauchen

Adjektive

Mithilfe von Adjektiven kann man genauer und differenzierter **beschreiben**.

der Hund: der schwarze Hund, der große Hund, der bissige Hund

1 Schreibe in jede Lücke ein passendes Adjektiv.

~~verrücktesten~~, *alten, kleine, große, frischen, riesig, staubigen, weiches, kuschelig*

Mein Lieblingsplatz in der Backstube

Ich glaube, ich habe den *verrücktesten* Lieblingsplatz auf der Welt. Wir wohnen

nämlich in einem _____ Bäckerhaus. Da gab es einmal eine

_____ Backstube zum Brotbacken. In dieser Backstube liegt

heute noch der _____ Backtrog, in dem mein Großvater den

_____ Teig zubereitet hat. Dieser Backtrog ist so

_____, dass ich mich bequem hineinlegen kann.

Aus dem Trog habe ich die _____Mehlreste rausgewischt. Dann habe ich eine Wolldecke

hineingelegt und ein _____ Kissen. Dort ist es so _____,

dass ich darin träumen kann.

2 Schreibe in die Lücken passende Adjektive.

dreckig, gemütlich, großen, gruselige, schwarze, unsichtbar, verrückteste, weißen

Manchmal gucke ich us dem _____ Fenster raus. Die Scheiben sind

noch _____ vom _____ Mehl. Wenn Leute vorbei-

kommen, sehen sie wie _____ Schatten aus. Dann denke ich,

es sind _____ Gespenster.

Die können mir aber nichts tun, weil ich für sie _____ bin.

Jedenfalls ist es in meinem Backtrog so _____, dass ich gern darin

liege. Ist das nicht der _____ Lieblingsplatz auf der Welt?

Adjektiv und Kasus

> ### Adjektive: Kasus
> Adjektive können Teil einer Nominalgruppe sein. Dann stimmen sie in der Form mit dem Nomen überein. Sie werden **dekliniert**.
> *schön: schöne, schönes, schöner, schönen, schönem*
> *schöne Bluse, schönes Wetter, schöner Tag, schönen Gruß, schönem Wetter*

1 Setze in die Lücken die Endungen der Adjektive ein. Unterstreiche die Kasusendung mit verschiedenen Farben und stelle den Kasus fest: N = Nominativ, D = Dativ, A = Akkusativ.

Im Garten

Adelina liegt in der warm*en* Sonne (*D*) und schaut die riesig____ Tanne (__) an.

Sie beobachtet einen klein____ Käfer (__), der den alt____ Stamm (__) hochkrabbelt.

Flink____ Ameisen (__) schleppen auf ihrem Rücken winzig____ Blatteile (__).

Sie hört das laut____ Rufen (__) von einem groß____ Vogel (__). Er kreist über ihr am blau____ Himmel (__).

In den dicht____ Ästen (__) haben Singvögel kuschelig____ Nester gebaut (__).

2 Setze in die Lücken die Wörter im passenden Kasus ein. Unterstreiche die Kasusendung mit verschiedenen Farben und stelle den Kasus fest: N = Nominativ, D = Dativ, A = Akkusativ.

In (*die riesig*) *der riesigen* Tanne (*D*) leben (*viel unterschiedlich*) _____ Bewohner (__).

Ein Specht hat (*ein rund*) _____ Loch (__) in (*der dick*) _____ Stamm (__)

geklopft. Dort findet er (*einige schmackhaft*) _____ Käfer und Würmer (__).

(*Die dicht*) _____ Zweige (__) bieten vielen Singvögeln Schutz vor (*der neugierig*)

_____ Kater (__).

3 Setze in die Lücken die Endungen im passenden Kasus ein. Unterstreiche die Kasusendung mit verschiedenen Farben und stelle den Kasus fest: N = Nominativ, D = Dativ, A = Akkusativ.

Auch auf d*er* grün*en* Wiese (*D*) gibt es e_____ interessant____ Dinge (__) zu entdecken.

In d____ offen____ Blüte (__) einer kleinen Blume hat sich e_____ dick____ Hummel (__) niedergelassen, um

von d____ süß____ Nektar (__) zu kosten. E_____ emsig____ Ameisen (__) schleppen winzig____ Stücke (__)

einer Kirsche in d____ klein____ Ameisenhügel (__). Dafür bilden sie e_____ lang____ Ameisenstraße (__).

Komparation

Komparation

Adjektive können gesteigert werden. Mit der Komparation kann man eine Abstufung zwischen Dingen ausdrücken:

- Positiv (Grundstufe) *schön*
- Komparativ (Höherstufe) *schöner*
- Superlativ (Höchststufe) *am schönsten*

1 Steigere die folgenden Adjektive und trage die Steigerungsstufen in die Tabelle ein.

klug, lustig, weit, hart, schlau, hoch, früh, schwer

Positiv (Grundstufe)	Komparativ (Höherstufe)	Superlativ (Höchststufe)
klug	*klüger*	*am klügsten*

2 Vergleiche die Tiere, Gebäude und Städte miteinander. Bilde Sätze wie im Beispiel.

klug: Tom ist klug. Tugay ist klüger. Ahmad ist am klügsten.

a) tief: Der Delfin taucht bis zu 300 m tief. Der Narwal taucht bis zu 1800 m tief. Der Tigerhai taucht bis zu 2000 m tief.

_____

b) hoch: Der Stuttgarter Fernsehturm ist 216,6 m hoch. Das Ulmer Münster ist 161 m hoch. Der Euro-Tower ist 75 m hoch.

_____

c) alt: Freiburg ist etwa 900 Jahre alt. Rottweil ist etwa 2000 Jahre alt. Tübingen ist etwa 950 Jahre alt.

_____

Präpositionen

> ### Präpositionen
>
> Präpositionen wie *in, an, auf, hinter, neben, über, unter, vor, zwischen, durch, bei, von, zu* setzen
> Dinge oder Sachverhalte miteinander in Beziehung. Bei diesen Präpositionen wird ein Ort in ein
> Verhältnis zu einem Gegenstand gesetzt. Sie heißen daher auch **lokale Präpositionen**.
> In einer Wortgruppe steht die Präposition links.
> *Sarah singt <u>vor dem Haus</u>. Sarah singt <u>neben dem Haus</u>.*

1 Streiche im Text die falschen Präpositionen durch.
Unterstreiche die Präpositionalgruppe.

Stadt und Land

Mona wohnt *in/~~auf~~/~~unter~~* <u>der Stadt</u>. Ihre Freundin Anne lebt *zwischen/auf/vor* dem Land.

Wenn Anne Mona besuchen möchte, muss sie *bei/von/in* die Stadt fahren.

Dann holt Anne sie *am/über/zu* Bahnhof ab und sie spazieren *zwischen/durch/in* die Straßen.

Danach gibt es *in/hinter/bei* Monas Eltern Kakao und Kuchen.

Manchmal fährt aber Mona *über/zu/neben* Anne.

Dann fährt sie mit dem Bus bis *vor/zwischen/auf* Annes Haustür.

Der Hof liegt *über/zwischen/durch* der Kirche und dem Feuerwehrhaus.

Sie spazieren oft *an/in/bei* den Kiesteich.

2 Lies den Text und setze in die Lücken passende Präpositionen ein.
Unterstreiche die Präpositionalgruppe.

Gestern fuhren wir <u>*zu* einer Burgruine</u>.

Sie liegt _____ einem Felsvorsprung hoch _____ dem Neckar.

Der Aufstieg zur Burg befindet sich _____ der Kirche.

Der Weg führt _____ einen dunklen Wald.

Nach einem Marsch _____ dem steinigen Weg

kamen wir schließlich _____ der Burgruine an.

_____ den Resten der Burgmauer kann man noch
den gut erhaltenen Turm sehen.

Wir kletterten _____ großen Steinen, Baumwurzeln und
Felsbrocken umher.

Dabei entdeckten wir ganz oben _____ dem Turm ein großes Vogelnest.

_____ einer Informationstafel lasen wir, dass sich früher _____ dem Turm ein geheimer
Zugang zur Burg befand.

Präposition und Kasus

Präposition und Kasus

Präpositionen gehören zu den Wortarten, die sich bei ihrem Gebrauch nicht verändern.
Sie bestimmen wie das Verb den Kasus von Nomen, Pronomen oder Nominalgruppen.

Dativ   *Akkusativ*

Sarah geht zu dem Haus.   *Sarah geht um das Haus.*

1 Ergänze die Artikelwörter im angegebenen Kasus.
Unterstreiche die Präpositionalgruppe und markiere das Merkmal das Kasus.

Dativ	Akkusativ
Lea fährt auf d<u>em</u> Radweg.	Lea fährt auf d____ Radweg auf.
Den Fahrradhelm hängt sie an ein____ Haken.	Der Fahrradhelm hängt an ein____ Haken.
Die Kinder stehen vor d____ Tür.	Die Kinder stellen sich vor d____ Tür.
Theos Mütze steckt in sein____ Jacke.	Theo steckt seine Mütze in sein____ Jacke.
Bens Schultasche liegt neben sein____ Tisch.	Ben legt seine Schultasche neben sein____ Tisch.
Sein Geodreieck liegt unter d____ Buch.	Er legt das Geodreieck unter d____ Buch.
Anton sitzt hinter sein____ Freundin.	Anton setzt sich hinter sein____ Freundin.
Tara saß über ein____ Arbeit.	Taha beugte sich über ein____ Heftseite.

2 Ergänze in den Sätzen die Artikelwörter im richtigen Kasus.
Unterstreiche die Präpositionalgruppe und markiere das Merkmal das Kasus

Leas Schulweg

Zuerst fährt Lea ein Stück auf d<u>er</u> Straße. Dann fährt sie auf d_____ Radweg auf. Neben d_____ Radweg fließt

ein Fluss. Sie sieht, wie sich ein Reiher neben d_____ Fluss stellt. Eine Maus flitzt unter d_____ trockene Laub.

Deshalb raschelt es leise unter d_____ trockenen Laub. Um auf d_____ andere Seite zu kommen, muss sie

über e_____ Brücke fahren. Über d_____ Brücke verläuft die Straße. Das sieht lustig aus, denn der Radweg ist

unter d_____ Brücke befestigt. Wenn sie an d_____ Schule angekommen ist, stellt sie ihr Fahrrad an e_____

Mauer. Dann läuft sie hinter d_____ anderen her in d_____ Schule und setzt sich an i_____ Platz.

Umstellprobe: Sätze abwechslungsreich gestalten

Umstellprobe: Sätze abwechslungsreich gestalten

In der deutschen Sprache kann man Wörter oder ganze Teile von Sätzen an verschiedene Stellen umstellen. Durch solche Umstellungen kann man Sätze abwechslungsreich gestalten und den Zusammenhang in einem Text herstellen. Beim Umstellen darf sich der Sinn des Satzes nicht verändern.

1 Viele der Sätze im Text beginnen mit dem Subjekt.

a) Stelle die Sätze 2 bis 7 so um, dass die unterstrichenen Satzglieder am Satzanfang stehen.

b) Stelle die Sätze 8 bis 13 so um, dass ein zusammenhängender Text entsteht.

1) Leon und seine Eltern sind umgezogen.

2) Sie wohnen <u>jetzt</u> im Haus der Großeltern am Rand der Obstwiesen.

Jetzt wohnen _____

3) Die Vögel wecken ihn <u>morgens</u> mit ihrem Gesang.

_____

4) Es duftet <u>bald darauf</u> im ganzen Haus.

_____

5) Frische Pfannenkuchen backt ihm <u>Oma</u>.

_____

6) Er darf noch <u>vor dem Waschen und Anziehen</u> von der Leckerei naschen.

_____

7) Am großen Esstisch in der gemütlichen Küche trifft sich <u>die ganze Familie</u>.

_____

8) Leon fährt nach dem Frühstück mit seinem Fahrrad zur Schule.

_____

9) Er sucht dort seine Freundin Merve.

_____

10) Mitglied der Film-AG sind beide.

_____

11) Er hat ihr einen Pfannenkuchen mitgebracht.

_____

12) Sie besprechen vor dem Unterricht einen Text für die Schülerzeitung.

_____

13) Der Text soll in der nächsten Ausgabe abgedruckt werden.

_____

Satzglieder: Subjekt und Prädikat bestimmen

Subjekt und Prädikat

Subjekt und Prädikat sind Satzglieder. Das Prädikat besteht aus mindestens einem Verb. Die finite Verbform steht im einfachen Satz immer an zweiter Stelle. Man kann sie wie folgt bestimmen:

- Subjekt und Prädikat stimmen in **Person** und **Numerus** überein.
- **eine Verbgruppe im Infinitiv bilden**
- **Frageprobe:** Das Subjekt kann mit *Wer?/Was?* erfragt werden.

1   Bestimme in den folgenden Sätzen Subjekt und Prädikat.
- Unterstreiche das Prädikat farbig.
- Trenne die Satzbausteine mit einem senkrechten Strich ab. Nutze die Umstellprobe.
- Unterstreiche mit einer zweiten Farbe das Satzglied, das in Person und Numerus mit dem Prädikat übereinstimmt. Schreibe Person und Numerus von Subjekt und Prädikat auf.

Leon <u>wünscht</u> sich einen Hund.   _____

Deshalb gehen seine Großeltern mit ihm zu einem Nachbarn.   _____

Der Züchter zeigt ihnen einige Welpen.   _____

2   Bestimme in den folgenden Sätzen Subjekt und Prädikat mithilfe der Infinitivprobe.
- Unterstreiche das Prädikat farbig.
- Trenne die Satzbausteine mit einem senkrechten Strich ab. Nutze die Umstellprobe.
- Setze das Prädikat in den Infinitiv und bilde Verbgruppen mit den einzelnen Satzgliedern.
- Unterstreiche das übrig gebliebene Satzglied, das Subjekt, mit einer anderen Farbe.

Mit großen Augen <u>schaut</u> ihn ein kleiner Hund <u>an</u>.

_____

Diesen Hund wollen sie kaufen.

_____

Zu Hause bereitet er die Ankunft des Hundes vor.

_____

3   Bestimme in den folgenden Sätzen Subjekt und Prädikat mithilfe der Frageprobe.
- Unterstreiche das Prädikat farbig.
- Trenne die Satzbausteine mit einem senkrechten Strich ab. Nutze die Umstellprobe.
- Erfrage das Subjekt mit *Wer?/Was?* und unterstreiche es mit einer anderen Farbe.

In einen Korb <u>legt</u> Leon alte Kissen und Spielzeug.

_____

Verschiedene Futterschüsseln und spezielles Hundefutter besorgen die Großeltern.

_____

Leons Eltern melden ihn und den Hund in der Hundeschule an.

_____

Satzglieder: Objekte im Dativ und Akkusativ bestimmen

Die Objekte im Dativ und Akkusativ

Objekte sind Satzglieder, die vom Verb regiert werden. Das Verb legt die Form (Dativ oder Akkusativobjekt) und die Anzahl dieser Ergänzungen fest. Objekte können Nomen, Nominalgruppen, Pronomen sein.

1 Ergänze die Fragewörter durch passende Objekte und unterstreiche diese.
Unterstreiche die Prädikate mit einer anderen Farbe und gib den Kasus der Objekte an.

Leon besucht _Merve_ *(Merve: Wen?).*   _Akkusativ_

Er zeigt _____ *(sie: Wem?)*   _____

_____ *(sein kleiner Hund: Wen?/Was?)*   _____

Gemeinsam besprechen sie _____

(ein geplanter Ausflug nach Holzmaden: Wen?/Was?).   _____

Im Internet suchen sie _____ *(Informationen: Wen?/Was?).*   _____

In der Schule zeigen sie _____ *(die Klasse: Wem?).*   _____

(der Flyer des Urweltmuseums: Wen?/Was?).   _____

2 Setze in die Lücken die passende Objekten im Dativ oder Akkusativ ein.
Unterstreiche die Prädikate und gib den Kasus der Objekte an.

dem Ausflug   _den Kindern_   _der Lehrkraft_   _dem Plan_
Bilder von Urzeittieren   _einen Bus_   _einen Termin_   _Versteinerungen_
das Urweltmuseum und den Dinopark

Einige wollen _____ besuchen.   _____

Andere möchten im Schiefersteinbruch _____ ausgraben.   _____

_____ gefällt der Vorschlag gut.   _____

Alle stimmen _____ zu.   _____

Auch die Eltern stimmen _____ zu.   _____

Die Lehrkraft bestellt _____ und   _____

macht _____ aus.   _____

Im Geschichtsunterricht zeigt die Lehrkraft _____   _____

_____ .   _____

Satzglieder: Adverbiale ermitteln

Adverbiale

Adverbiale sind Satzglieder, die etwas über die Zeit und den Ort aussagen.
Sie können die Form von Präpositionalgruppen und Nominalgruppen haben.
- **Temporalbestimmung** (Adverbiale der Zeit): *wann, seit wann, bis wann, wie lange*
- **Lokalbestimmung** (Adverbiale des Ortes): *wo, wohin, woher*

1 Ersetze die unterstrichenen Textstellen mit den Fragewörtern des Ortes und der Zeit.

a) Leons Klasse fährt *Wohin?* nach Holzmaden.

b) _____ In dem Ort sehen sie sich das Urweltmuseum an.

c) _____ Im Dinopark graben sie ganz vorsichtig ein Dinoskelett aus.

d) _____ Am Nachmittag wandern sie _____ zum nahen Schiefersteinbruch.

e) _____ Nach kurzer Zeit findet Leon eine Schieferplatte mit einem Muschelabdruck.

2 Ordne die adverbialen Bestimmungen in die Tabelle ein.

Temporalbestimmung *wann, seit wann, bis wann, wie lange*	Lokalbestimmung *wo, wohin, woher*

3 Unterstreiche die adverbialen Bestimmungen des Ortes und der Zeit
und schreibe am Rand auf, welche es sind.

a) Am nächsten Tag rühren sie im BK-Raum Gips ein.   _____

b) Den Gips gießen sie in Schalen.   _____

c) In die Gipsmasse legen sie Muschelschalen oder Blätter. _____

d) Nach einigen Stunden ist der Gips getrocknet.   _____

e) Die so entstandenen Abdrücke bemalen sie am nächsten Tag. _____